B(u)ildung 4.0
Wissen in Zeiten technologischer Reproduzierbarkeit

Angelica Laurençon
Anja C. Wagner

FrolleinFlow House

Berlin

Angelica Laurençon & Anja C. Wagner

Copyright © 2018 FrolleinFlow House, Berlin

Alle Rechte vorbehalten.

ISBN 978-3-00-059003-0

www.frolleinflow.com

VORWORT

von Dr. Antje Draheim

„Du öffnest ein Buch, das Buch öffnet dich." [1]

Noch ein Buch zu „B(u)ildung 4.0"? Endlich eines! Das oben zitierte Sprichwort trifft es ganz gut. Die Autorinnen des vorliegenden Buches, Dr. Angelica Laurençon und Dr. Anja C. Wagner, beide jahrelang erfahren in Bildung, Wissenstransfer und Weiterbildung, spannen einen Bogen von der ersten industriellen Revolution bis heute, um Rahmen, Inhalte und Herausforderungen von „B(u)ildung 4.0" zu beschreiben.

Ja, es gibt bereits einige (wenige deutschsprachige) Bücher, die sich mit verschiedenen Facetten von „Arbeit 4.0" auseinandersetzen: Da geht es um Formen künftiger Arbeit, Technologie- und Automatisierungsprozesse, HR-Strategien. Es gibt auch das eine oder andere Buch zu „Bildung 4.0". Daneben gibt es verschiedene Aufsätze, Essays, Keynotes oder sonstige Formate, meist online.

Dieses Buch verbindet jedoch „Arbeit 4.0" und „Bildung 4.0", stellt dabei die Erwerbstätigen und Auszubildenden in den Mittelpunkt, versucht sich an praxiserprobten und -tauglichen Lösungsvorschlägen, wie der Übergang in die 4.0-Welt gelingen kann.

Es scheint unstrittig zu sein, dass die „Arbeit 4.0" kommt, bereits unterwegs ist und unsere Arbeitswelt verändern wird. Strittig ist, in welchem quantitativen Maß „Arbeit 4.0" Veränderungen verursacht, herausfordert und/oder anstößt. Die einen sprechen von lediglich evolutionären, die anderen von revolutionären Veränderungen.

Es wird allgemein auch davon ausgegangen, dass „Arbeit 4.0" eine große qualitative Spreizung von Kompetenzprofilen mit sich bringen wird: Einerseits monotone, routinierte Arbeiten, also niedrige bis mittlere Qualifikationen verlangende Tätigkeiten - die sukzessive durch Automatisierung/Robotisierung ersetzt werden (können) - , andererseits hoch kreative, innovative Jobs, die zugleich technisches Verständnis und Know-how unbedingt voraussetzen.

Das derzeitige gesellschaftliche Verständnis von Arbeit als

---

[1] mal als chinesisches Sprichwort betitelt, mal dem kirgisischen Schriftsteller Tschingis Aitmatow zugeschrieben

lebensdominierendem Faktor wird sich daher wandeln: Bildung wird zur zentrale Ressource 4.0 – und zwar nicht in Form von formalem, in linearen Bildungsketten erworbenem Wissen, das gespeichert wird und dessen Abrufbarkeit als Kernkompetenz den Arbeitsalltag bestimmt, sondern Bildung ist, so die zentrale These der Autorinnen, ein wirklich lebenslanger Prozess in Verantwortung der Individuen, dessen stetes Ergebnis eine Wertschöpfung sein sollte, die über reproduzierbaren Wissensabruf hinausgeht.

Für die Autorinnen steht (gut begründet) fest: Hinter dem Wandel zu „Arbeit 4.0" steht eine disruptive Gewalt, die schöpferisch 1.0, 2.0 und 3.0 zerstört. Was daraus entstehen kann, ist gestaltbar. Aber man muss es eben tun. Learning by doing (statt Vorratsspeicherung von Wissen) ist wieder eine akzeptable und zugleich ökonomisch sinnvolle Art von Bildung.

Wissen ist heute nicht nur ständig reproduzierbar, sondern immer häufiger auch allgemein teilbar - und damit open resource und möglicher Auslöser neuer Verteilungsoptionen und Chancen im Wettbewerb um „Arbeit 4.0". Soweit die gute Nachricht.

Voraussetzung dafür - und das vorliegende Buch enthält gute Beispiele - ist das Erlernen einer neuen Kulturtechnik des Verstehen-Wollens und des Vernetzten-Denken-Könnens.

Der strukturelle Umbau des Wissenserwerbs vollzieht sich entlang der gesamten bisherigen Bildungslandschaft. Formalqualifikationen entwerten sich daher selbst und eine Antwort darauf ist bisher nicht glaubhaft gefunden. Wissen ist nicht mehr personenzentriert: weder auf der Seite der Lehrenden, noch auf Seiten der Lernenden. Bildung heißt dann: Wie lernt man all das verfügbare Wissen so zu systematisieren, zu nutzen, dass neue Dinge entstehen und am Ende ein Mehrwert, eine marktgängige Wertschöpfung entsteht?

Die Autorinnen weisen auf bereits vorhandene (und durchaus ausbaufähige) Ansätze hin und stellen Kollaboration und Innovation in den Mittelpunkt. Sie beschreiben notwendige Rahmen – soweit sie sich beschreiben lassen – in liquiden, offenen Strukturen.

Dieses Buch zeigt auf, was in der „Parallelgesellschaft 4.0" längst schon passiert, z.B. in lokalen, vernetzten (teilweise Graswurzel-)Strukturen, die jedoch staatlicher Unterstützung bedürfen, um wirkmächtig zu sein. Doch es passiert eben nicht nur im Kleinen, die Autorinnen nennen es dann glokal: auch Google, Amazon und Apple & Co sind längst unterwegs.

Am Anfang steht jedoch hier auch die Erkenntnis, dass der Wandel zu "Arbeit 4.0" nichts ist, was man getrost ignorieren kann. Auch einfach Vorhandenes „zusammen zu würfeln" (wie manche Consultingfirmen, die in großen Datenbanken ihre Projektergebnisse sammeln und dann einfach per Suchfunktion ähnliche frühere Projekte als Blaupause für kommende Projekte nehmen), wird nicht helfen: Über kurz oder lang braucht sich Erfahrung hier selbst auf, denn auswerten und selbst „trial-and-error-Methoden" können technische Algorithmen schneller und besser.

Getrieben von Überforderung und Angst vor dem, was da kommen wird, duckt sich nicht nur der heutige Bildungsbürger weg in die „alte Welt": Es reicht, zu wissen, wie man die neue Technik bedient - man muss doch nicht wissen, warum und wie ...

Doch! Schon jetzt wird sichtbar, dass die Kluft zwischen Insidern und Outsidern immens ist. Unser derzeitiges starres, auf formale Qualifikationen ausgerichtetes Bildungssystem befördert dies noch. Lehrpersonal, das vielleicht mit Textverarbeitungsprogrammen umgehen kann, aber schon bei der Einrichtung von Datenbanken scheitert und von Instagram nur weiß, dass die Tochter es nutzt. Erwachsene, die den Mehrwert sozialer Medien überwiegend im Kontakthalten zu Anverwandten sehen. Jugendliche, die glauben, Youtube sei lediglich ein Medium zur Selbstdarstellung. Beschäftigte aller Ebenen, die Weiterbildung immer noch als einen vom Arbeitgeber zu definierenden Bedarf ansehen, der dann gruppenweise von Bildungsträgern im Frontalunterricht gedeckt wird.

Diese Outsider haben wenig Zukunft.

Genau darauf zielt eine weitere zentrale These: Selbstverantwortung, Forschergeist und Entdeckerlust im besten MINT-Sinne sind wieder in den Mittelpunkt des Denkens zu stellen und nötig ist die Fähigkeit und das Wollen, aus sich selbst heraus getrieben innovativ sein zu wollen.

Die Autorinnen liefern Denkanstöße, die weit über den engen Begriff von „Arbeit 4.0" und „Bildung 4.0" hinausgehen. Sie fordern BELGUT, das bedingungslose Lernguthaben und staatliche Infrastruktur, die Veränderung ermöglicht. Die Rolle von Sozialpartnern wird hinterfragt und zugleich eingefordert.

Als „Bonus" gibt es wertvolle Hinweise zu vertiefenden, erläuternden Aufsätzen, Links und diy-Empfehlungen. Und ein herrliches Begriffsglossar, das als kleines Kompendium zu „B(u)ildung 4.0" den immer noch vorherrschenden Wissensdrang befriedigt und zugleich Lust auf Weiterbildung macht!

Angelica Laurençon & Anja C. Wagner

INHALT

VORWORT	3
DANKSAGUNG	9
EINLEITUNG	10
KAPITEL 1: DIE VERNETZUNG EINER NEUEN GALAXIE	12
1. BILDUNGSSCHÜBE	13
2. DIE INNOVATOREN UND IHRE VORAUSSETZUNGEN	20
BILDUNGSREFORMEN	21
UND HEUTE?	22
ARBEITEN 4.0	23
LERNEN 4.0	24
3. VON DER NEUEN VERGÄNGLICHKEIT DES BERUFSBILDENDEN WISSENS	24
4. MASSENBILDUNG	28
5. MICKEY MAUS & CO.	31
6. SEI KREATIV ODER …	33
7. DIE 7 SÄULEN DES DIGITALEN LERNENS	37
LITERATUR	40
KAPITEL 2: BILDUNGS-BUSINESS	46
1. PARADIGMENWECHSEL	46
2. ROUND-UP	50
3. DIGITAL RAPIDS: DIE NEUE LERN- UND ARBEITSORGANISATION	54
4. PARALLELWELTEN: OPTIONEN FÜR DIE NEUORIENTIERUNG	57
5. MISMATCH	60
6. OPEN IN 3D: LÖSUNGEN FÜR KMU	61
7. PROTOTYPING	63
LITERATUR	66
KAPITEL 3: DIE TECHNOLOGISCHE REPRODUZIERBARKEIT DES WISSENS	72

1. ALGORITHMEN ALS PRODUKTIONSFAKTOR 72
2. COMPUTATIONAL THINKING: KULTURTECHNIK FÜR DAS
21. JAHRHUNDERT? 75
3. DIE UMWERTUNG (ALLEN) WISSENS? 78
4. T-SHAPED GENERATIONEN 80
5. FLÜSSIGES WISSEN UND AGILE KOMPETENZ 82
6. BLOCKCHAIN: KETTEN BILDEN! 85
7. WEB-WISSENSCHAFT UND WISSEN 88
LITERATUR 92

KAPITEL 4: B(U)ILDUNG VERNETZT **97**
1. DISRUPTION 97
2. DISINTERMEDIATION 98
3. BESITZER UND BETREIBER DER DIGITALEN
REPRODUKTIONSMITTEL 101
4. AUFSTIEG DURCH BILDUNG ODER DISRUPTION? 102
5. BILDUNG UND BESCHÄFTIGUNGSFÄHIGKEIT? 105
6. BILDUNG IST .... VOLKSWIRTSCHAFT 106
7. BELGUT - DAS BEDINGUNGSLOSE LERNGUTHABEN 108
LITERATUR 112

KAPITEL 5: MITTEN IM WISSENSWETTBEWERB **117**
1. ZEITGENOSSEN IM WISSENSFLOW 118
2. KOMPETENZ FÜR DAS 21. JAHRHUNDERT 123
3. WISSENS-MANUFAKTUREN 126
4. STAATLICHE INFRASTRUKTUR-MASSNAHMEN 129
   1. THE SMALL BUSINESS INNOVATION RESEARCH (SBIR)
   PROGRAM 129
   2. THE SMALL BUSINESS TECHNOLOGY TRANSFER (STTR)
   PROGRAM 130
   3. TECHHIRE 131
   4. MIT IDE INNOVATION INCLUSION PROGRAM 132
5. PERSÖNLICHE JOBCOACHES 134
   BOB IST WIE PARSHIP FÜR DEN ARBEITSMARKT 134
6. PRAXISNAH. VIER LÖSUNGEN 138
   VORSCHLAG 1: PLATTFORMEN FÜR B(U)ILDUNG 4.0 138
   VORSCHLAG 2: OFFENHEIT UND ÖFFNUNGEN 140

VORSCHLAG 3: INTEROPERABILITÄT	141
VORSCHLAG 4: PROTOTYPING ALS GRUNDHALTUNG	142
LITERATUR	143

KAPITEL 6: BILDUNGSOPPORTUNISMUS — 151

1. IN TRANSITION	152
2. JUST IN TIME?	153
3. (BILDUNGS)OPPORTUNISMUS	154
4. ZEITDRUCK IN DER BILDUNGSLÜCKE	156
5. CONNECTING THE DOTS	158
6. OPEN END STATT EPILOG	161
LITERATUR	162

P.S. BLICK IN DIE ZUKUNFT — 164

ÜBER DIE AUTORINNEN — 165

WEITERE BÜCHER, ERSCHIENEN BEI FROLLEINFLOW | FLOWCAMPUS	166
WAS NUN?	166
BEVOR DU GEHST …	166

DANKSAGUNG

Wir danken unserem FLOWCAMPUS-Netzwerk für all die guten Impulse, Diskussionen und Reflexionen. Gemeinsam schreiten wir voran. Vielen Dank an Nicole Bauch für das Cover-Bild und einen ganz herzlichen Dank an Dr. Esther Debus-Gregor für die redaktionelle Beratung. Hat Spaß gemacht!

Angelica Laurençon & Anja C. Wagner

EINLEITUNG

Alle reden von der Zukunft der Arbeit, von Arbeit 4.0 und „Smarter Working". Dabei geht es vielmehr um die Zukunft der Bildung. Sie soll und muss alle Menschen, egal wie alt, für das Leben bilden - und das meinte in der Industriegesellschaft auch für die Arbeit Aus-Bilden.

Doch wie kann sie für Berufe ausbilden, die es noch gar nicht gibt und andere, die morgen durch künstliche Intelligenz ersetzt werden? Wie vollbringt sie den zwingenden Quantensprung zur berufsbegleitenden Weiterbildung, die Millionen in die individuelle Pflicht, doch die Bildungsträger und den Staat aus der Verantwortung nimmt? Wenn Weiterbildung zur Regel wird, dann ist Bildung nie aus.

Bisher waren Bildung und formeller Wissenstransfer rückwärtsgewandt: Wissen, Werte, die Theorien und Erfahrungen der Vergangenheit bildeten den Stoff für die Lernenden der Gegenwart, mit dem sie in Zukunft leben und arbeiten sollten. Der langsame Lauf der Zeit ließ den meisten Menschen die Luft, nach einer erfolgreich absolvierten Ausbildung ein halbwegs rundes Arbeitsleben zu führen.

Doch die digitalen Technologien verändern alle Bereiche, die mit Informationen und Wissen materiellen oder immateriellen Mehrwert erzeugen können. Wir lesen es jeden Tag in den Zeitungen und vor allem in den sozialen Medien. Auf einmal ist alles beschleunigt.

Abgesehen vom Bildungssystem.

Dieses Buch haben wir geschrieben für alle bildungspolitisch Interessierten, die über das mediale Rauschen bezüglich Tablets, Clouds oder

Programmierung in der Schule hinausdenken wollen. Bildung im 21. Jahrhundert braucht mehr als das Mehr des Üblichen und Bekannten.

Unsere Wissenswelt im ständigen Wandel überholt und überfordert das Betriebssystem der Bildungsträger. Das Ideal des universal gebildeten Menschen können sie heute ebenso wenig erfüllen wie das der Chancengleichheit durch Wissen, wenn sie die Menschen nicht in allen Wechselfällen des lebenslangen Bedarfs nach neuem Wissen begleiten (können).

Auch war Bildung schon immer mehr als Wissensvermittlung. Es ging in den Institutionen ebenso um die Persönlichkeitsbildung, die Erziehung zum sozialen Wesen und ja, um die Vorbereitung auf das Arbeitsleben. Da es aber in der alten Industriegesellschaft des 20. Jahrhunderts sehr unterschiedliche Qualitäten an Arbeit gab, wurde im Bildungssystem schon frühzeitig segmentiert. „Aufstieg durch Bildung" durch Aneignung hochwertigen Wissens, so lautete die ideologische Maxime. Das hat gerade in Deutschland schon lange nicht mehr funktioniert. Und jetzt gesellen sich plötzlich die digitalen Maschinen hinzu und stellen endgültig alles auf den Kopf.

Was übrig bleibt? Ob Kopf- oder körperliche Arbeit - die digitale Revolution bringt Industrie- und Wissensarbeiter*innen auf einen gemeinsamen Nenner. Vielleicht werden die Soziolog*innen im Nachhinein von der digitalen Gleichschaltung der vernetzten Wissensgesellschaft reden. Wichtig ist nicht mehr, was, wo und wie viel jeder lernt. Sondern wie man sich vier oder fünf Jahrzehnte lang in einem intensiven Lern- und Arbeitsprozess organisiert. Allein und mit anderen, in Verbindung mit den Maschinen und mit dem ständigen Wissensflow.

Wir leben im Zeitalter der B(u)ildung 4.0.

> Angelica Laurençon & Anja C. Wagner

KAPITEL 1

Die Vernetzung einer neuen Galaxie

Die global vernetzte Wissensgesellschaft des 21. Jahrhunderts verfügt zum ersten Mal über die Mittel und Möglichkeiten, aus Daten, Informationen und Wissen eine neue immaterielle Ressource zu schaffen. Eine Ressource, die sich durch Teilen, Verknüpfung und unendliche Reproduzierbarkeit regeneriert. Im Gegensatz zur Kunst, die ihre gesellschaftlich wirkende Aura durch massenhafte Reproduktion verliert, so wie es Walter Benjamin in seinem Buch "Das Bild im Zeitalter seiner Reproduzierbarkeit" (1936) beschreibt, vervielfältigt sich Wissen durch die zunehmende Vernetzung von Menschen mit Maschinen.

Wissen wird immer mehr, es breitet sich aus und wird heute unüberschaubar. Die Internet-Galaxis besteht aus zig Netzwerken, die kommen und gehen, je nachdem, wie sich einzelne Menschen selbst darin positionieren (Castells 2017). Diese Entwicklung muss zwangsläufig einen markanten Einfluss auf das Bildungssystem ausüben.

Werfen wir zunächst einen Blick zurück auf die vergangenen Bildungsschübe - und was das heutige Zeitalter von seinen Vorgängern unterscheidet.

Die Entstehung einer neuen Galaxie: B(u)ildung 4.0

1. BILDUNGSSCHÜBE

Wir befinden uns in der vierten industriellen Revolution: Von der beginnenden Industrialisierung mit der Wasser- und Dampfkraft (1.) über die Einführung arbeitsteiliger Massenproduktion mithilfe elektrischer Energie (2.) und die Automatisierung der Produktion durch den Einsatz von Elektronik und IT (3.) sind wir heute bei (4.) den datengetriebenen, cyber-physikalischen Systemen gelandet, die das Zeitalter der sogenannten Industrie 4.0 einläuten (Wahlster 2015).

Diese industrielastige Sicht wurde auf gesellschaftlicher Seite historisch begleitet von den ersten Arbeiterorganisationen (1.) über das Aufkommen des Wohlfahrtsstaates (2.) bis hin zu der Konsolidierung des Sozialstaats (3.).

Jetzt, im Übergang zu einer neu entstehenden Marktordnung (Kirchner und Beyer 2016) stoßen viele verschiedene Entwicklungen, Wünsche und Hoffnungen auf dem Arbeitsmarkt aufeinander, die allesamt unter dem Schlagwort „Arbeiten 4.0" subsumiert werden.

Willkommen in der globalen, digitalen „Netzwerkgesellschaft" (Castells 2017)!

Was das jetzige Zeitalter von allen vorherigen Etappen unterscheidet, ist nicht WISSEN per se als neues, herausragendes Moment der Entwicklung. Vielmehr ist das fluide NETZWERK die entscheidende neue Komponente für das Überleben des Einzelnen und der Menschheit (Castells 2017). Diese

Entwicklung vollzieht sich seit den 1970er Jahren.

Für einen kurzen Zeitraum schwang da auch die Hoffnung mit, durch das Internet mehr partizipative Teilhabe zu ermöglichen. Aufgrund der hohen Innovationsgeschwindigkeit der digitalen Technologien und der „Eigenlogik der Nutzer, Gegenbewegungen und Regulierungseingriffe" (Kirchner und Beyer, ebd.) hat sich ein Feld geöffnet, das nunmehr auch Druck auf die institutionellen Rahmungen ausübt – und damit auch auf das Bildungssystem.

Zwar bewirkte jede industrielle Revolution einen Bildungsschub, der die Bildungsträger auf neue Bahnen brachte. Doch waren nicht alle Bildungsschübe so disruptiv wie der jetzige.

Die unmittelbare Verwertbarkeit des Wissens in Form diverser Netzwerke stand nicht im Fokus der Technologien, die bei den vorangegangen industriellen Revolutionen eine Rolle gespielt haben. Sie verwandelten Rohstoffe in Güter und Dienstleistungen. Heute verwandeln Technologien das Wissen aber in eine flüssige und flüchtige Materie.

BILDUNG HINTERLÄSST BLEIBENDE BILDER ...
UND RAHMEN EINER ANDEREN ZEIT

EIN BLICK ZURÜCK

Vor Beginn der ersten industriellen Revolution fand der Transfer von Wissen und Fertigkeiten innerhalb einer Zunft, Kaste oder Klasse statt, oder aber in geheimen Gesellschaften. Wissen war das Privileg einer begrenzten Minderheit von Auserwählten und Eingeweihten. Handwerker, Künstler, Gelehrte reisten jahrelang durch Europa, um anderen über die Schulter oder in die Karten zu schauen. Freimaurerlogen machten aus der Weitergabe wertvollen Wissens feierliche Zeremonien und geschlossene Gesellschaften. Nebenbei bildeten sie auch ihre überregionalen Netzwerke. Die waren analog, aber dafür nachhaltig und effizient.

Die allgemeine Schulbildung wurde bereits 1524 von Martin Luther gefordert, doch erst 250 Jahre später zur Regel. Bis zur zweiten industriellen Revolution bestand keine ökonomische Dringlichkeit, allen Menschen Lesen, Schreiben und Rechnen beizubringen. Dorfschulen, Lateinschulen, Militärschulen, Stifte galten jahrhundertelang als Erziehungs- und Zuchtanstalten. Bildung wurde selten als Chance empfunden und für die Ausbildung zahlte man Lehrgeld. Das erklärt Reste eines tiefen Unbehagens im kollektiven Unterbewusstsein noch heute.

Bildung bleibt für die meisten ein Zwang, der von oben oder von außen ausgeübt wird, direkt und indirekt. Die Ausbildungszeit wird von der

Mehrzahl der Lernenden als ein notwendiges Übel hingenommen, das nur wegen seiner zeitlichen Begrenzung zu ertragen ist. Obwohl hierzulande die Ausbildung – anders als in den meisten Ländern der Welt – kostenlos ist, bricht jeder vierte Azubi seine Lehre ab (Beicht und Walden 2013) und jeder dritte Student wirft sein Studium hin (Heublein u.a. 2012).[2]

Man kann darüber spekulieren, ob diese Tendenz noch steigen wird, wenn plötzlich Bildung und Arbeiten als Tandem daherkommen und niemand mehr heute weiß, was und wozu er für morgen lernen soll, um damit sein Geld zu verdienen.

Die Binsenweisheit „Man lernt nie aus" wird in der fluiden Netzwerkgesellschaft mit einem deregulierten Arbeitsmarkt zur Überlebensstrategie. Fluide ist das Kennzeichen der heutigen "VUCA-Welt", einer Welt, in der Unsicherheit, Mehrdeutigkeit und Komplexität dazu führen, dass wir kaum mehr klar definierte Berufsrollen oder Kompetenzprofile vorgeben können, die mit Vorratslernen sich zu erarbeiten wären. Berufsbegleitendes Lernen ist der neue Qualifizierungspass auf dem unsicheren Arbeitsmarkt. Nur wer strebend weiter lernt und seine Expertise stets neu gestaltet und veranschaulicht, den kann der Arbeitsmarkt als Expertin oder Fachkraft erkennen.

Die Komplexität und Flüchtigkeit des Wissens unterscheidet die aktuelle industrielle Revolution von ihren Vorgängerinnen. Die digitalen Technologien schaffen einen dichteren und schnelleren Datenverkehr, wobei die Geschwindigkeit die Zeit überholt. Wissen wird zum Treibstoff aller technologischen, sozialen und ökonomischen Prozesse.

STAND HEUTE

Big Data ist die Herausforderung der vernetzten Wissensgesellschaft und der Wissenschaft, deren neue natürlichen Ressourcen im ständigen Datenflow vervielfältigt werden können (IBM 2012). Die Verwandlung von unstrukturierten Daten zu strukturiertem Wissen ist heute auch die Aufgabe der Algorithmen. Sie arbeiten schneller, gezielter, vernetzen und reproduzieren multidimensional. Die traditionellen Bildungssysteme jedoch vermitteln ein Wissen, das auf Erfahrungen und Vergangenem beruht und meist in Einbahnstraßen. Dieses Wissen ist nicht wertlos an sich. Doch als wertschöpfendes Element auf dem Arbeitsmarkt wird es nicht mehr gebraucht. An der Vermittlung von Grundfertigkeiten wie Lesen, Schreiben, Rechnen, selbstständiges Denken und Arbeiten ändert sich nichts, im Gegenteil. Ohne sie erreichen Wissensarbeiter*innen nie die benötigte Kompetenz für das 21. Jahrhundert und sie bleiben ein Leben lang Ladenhüter*innen - auf dem Arbeitsmarkt.

---

2 Okay, sie landen später irgendwo anders auf dem Arbeitsmarkt, aber es spricht auch für eine große Desillusionierung.

Wozu also noch Milliardeninvestitionen für hochgezüchtete Wissensfabriken, d.h. Hochschulen für Massenhaltung, die über 10.000 verschiedene Titel und Fächer produzieren? Als kulturelles Erbe sind sie teils noch wertvoll, auf dem Arbeitsmarkt sind sie wertlos und verkommen deshalb in vielen strukturschwachen Ländern zu Bildungsslums.

Welche Strukturen und Methoden bieten die traditionellen Bildungssysteme für ein Wissen, das erst im Entstehen ist und nicht nur den Kreis der "Creative Class" (Florida 2003), sondern bald die größtmögliche Zahl der Erwerbstätigen betrifft? Zwischen 20 und 50% aller Wissensarbeiter*innen werden sich in den kommenden Jahren der zerstörerischen Kreativität der vierten industriellen Revolution anpassen müssen. Zurückhaltend bemessen, denn die Gewalt der Disruption vermag sich kaum jemand vorstellen.

Bildung wird zwar immer noch mit Allgemein- und Fachwissen sowie einer Dosis sozialer und gesellschaftlicher Kompetenzen verbunden. Vor diesen Herausforderungen standen die Bildungspolitiker in Preußen auf der Schwelle des 18./19. Jahrhunderts und folgten dabei dem Beispiel Napoleons I. Der führte aber gleich zu Beginn seiner Macht eine disruptive Bildungsrevolution von oben durch: Polytechnische Schulen nach dem Prinzip der Meritokratie mit MINT als Priorität und Philosophie als Pflichtfach.

"Mieux vaut une tête bien faite."
(Auf Deutsch: Besser ein gut strukturierter Kopf als zuviel im Kopf.)

Auch die vierte industrielle Revolution treibt wie ihre Vorgängerinnen das Tandem Wissen(schaft) und Technologie voran, im Rücken das spekulative Kapital, das sich dank der Dynamik der digitalen Technologien in Rekordzeit vervielfacht.

Doch es gibt einen entscheidenden Unterschied: Die digitalen Entwickler der 1968er Jahre zwischen Boston und San Francisco haben, anders als die Wissenschaftler und Ingenieure der vorigen industriellen Revolutionen, die Ideale der positiven Utopien, die den Geist der 1970er Jahre prägen, im Kopf.

Wissen den Massen dank der unendlichen Reproduzierbarkeit zugänglich zu machen, sie in diesen Prozess als Produzent*innen des eigenen Wissens und Konsument*innen des Wissens der anderen mit einzubinden, so dass dabei in der neuen Galaxie von Zeit zu Zeit ein neuer Stern geboren wird: Das ist das Ideal der Unmittelbarkeit, der Disintermediation des reproduzierbaren Wissens. Und es war das emanzipatorische Ziel der Neu-68er Technokrat*innen, die sich bis heute alljährlich von der Hackerszene (Wagner 2017a) und vom Burning Man-Festival in der Wüste Nevadas inspirieren lassen (Wagner 2017b).

DAS NEUE DISRUPTIVE QUARTETT:
- DISINTERMEDIATION
- GESCHWINDIGKEIT
- NETZDYNAMIK
- INTEROPERABILITÄT

Dank der Informations- und Kommunikationstechnologien sollten alle Menschen freien und direkten Zugang zum weltweiten Wissensfluss bekommen. „Open Data", „Open Democracy", „Open Source" gehören zu den Schlüsselbegriffen der digitalen Revolution. Die Technologie wird zum Medium und Wissen wird zur flüssigen Materie, die keine institutionellen Mediatoren mehr braucht. Das war die Absicht. Wikipedia ist eine ihrer frühen konkreten Verwirklichungen.

Die unzähligen „Open Education", „Open University" und „Hack Universities" sind neben den MOOCs und den Lernangeboten von Google, Microsoft, Amazon und Facebook neue Wege, das flüssige Wissen professionell zu verwerten und es in offene Netzwerke zu bringen. (Auch wenn dies viele Bildungs-Protagonist*innen letzteren nicht zugestehen würden.)

Die digitale Revolution und ihre disruptiven Technologien kommen dabei nicht frontal daher, sondern agieren sanft, sozusagen als selbstverständliche Kettenreaktion:
- Zuerst bekommen alle den direkten Zugang zu den neuen Technologien und die Mittel, selber ihr Wissen in Polyphonie und grenzenlos zu reproduzieren.
- Dadurch haben sie Zugang zum weltweiten Wissensfluss, wo sie sich direkt informieren und bilden können. YouTube ist mit etwa 40 Millionen Tutorials die größte interaktive „Universität", und zwar in ihrer ursprünglichen Bedeutung: eine Gemeinschaft der Lehrenden und Lernenden der Welt.
- Daneben können alle direkt im Peer2Peer-Verfahren ihr benötigtes Wissen und Informationen teilen und über die sozialen Netzwerke diskutieren und weiter verteilen.
- Und plötzlich werden alle herkömmlichen Wissensvermittler*innen vom Verlag, Verleger über die Zeitung bis zum Radio und Fernsehsender, Zeitungsverkäufer, Erwachsenenbildner*innen, Bibliothekare, Buchläden sowie Professor*innen nahezu überflüssig. Flüssiges Wissen braucht andere Behälter. Wer stellt sich heute noch

einen Brockhaus ins Regal?!

„Frag nicht, was die Bildung für dich tun kann, sondern frag, was du für die Bildung tun kannst." (acw in Anlehnung an John F. Kennedy)

Die digitalen Technologien fordern somit die gesamte Bandbreite aller Bildungsträger als Wissensvermittler heraus, und zwar von mehreren Seiten gleichzeitig.
Disintermediation – also der Wegfall bisher notwendiger „Vermittler" –, Geschwindigkeit, Netzdynamik und Interoperabilität – effiziente Möglichkeiten zum Austauschen und Verbreiten von „Wissen" – sind die immateriellen Geschütze der Digitalisierung, denen die Bildungseinrichtungen so perplex und starr gegenüberstehen wie vor ihnen die Medien. (Mehr dazu in Kapitel 4). Selbst Politiker*innen kommunizieren heute lieber ohne Mediatoren. Tweets kommen direkt und schneller unter die Leute und verflüchtigen sich auch schneller.

DISINTERMEDIATION:
MACHT MITTLER, MITTELSMÄNNER, VERMITTLUNGEN, MEDIATOREN UND ALLE ZWISCHENSTATIONEN ÜBERFLÜSSIG.

Die Bildungseinrichtungen stellen sie vor neue Herausforderungen:
- Wie erweitern sie in Zeiten der systemischen Disintermediation und Interoperabilität der Informationen und des Wissens ihre alten zeitlich und räumlich gebundenen Angebote und binden die Netzdynamik gleich mit ein?
- Wie setzen sie sich mit der Reproduzierbarkeit eines Wissens ohne Marktwert auseinander? Urheberrecht vs. Open Access und kreatives Gemeingut?
- Wie steht es um ihre Werteskala, mit der sie den Wissensprozess formatieren? Sind Abschlüsse, Diplome überhaupt noch Zukunftsinvestitionen?
- Wie schaffen sie den Quantensprung zur Bildung 4.0, die nicht nur die Verbindung zur Industrie 4.0 herstellt, sondern auch der Dynamik der fluiden Netzwerkgesellschaft folgt? „Smart Factories" sind inzwischen vertraut. Aber wer wird die „Smart Learning Factory" entwerfen – klein, dezentral und total vernetzt?

Auch wenn es viele noch gerne verdrängen, die vierte industrielle Revolution hat ihre eigenen Gesetze: Vernetzung, Beschleunigung und Flow.

"Keine Industrie 4.0 ohne Bildung 4.0" war das Fazit des VDI auf der Hannover Messe 2016. (So einseitig die Industrie auch sonst gerne argumentiert.)
"Es geht uns nicht um das passive und oberflächliche Konsumieren von Facebook, WhatsApp und Co. – es geht um Bildungseinrichtungen, die junge Menschen darin befähigen, als mündige Akteure die digitale Zukunft kreativ mitzugestalten." (Appel 2016)

Doch das industrielle Internet der Dinge, die Industrie 4.0, ist nur einer von vielen neuen Bereichen, in denen sich Wissen und Kompetenz quer vernetzen und Bildung 4.0 fehlt (Venema 2016). Wenn nämlich der Anschluss an die vierte industrielle Revolution hierzulande an eine konsequente Bildungsrevolution 4.0 geknüpft sein soll, stellt sich das Problem: Wer zahlt was und wofür? Und damit auch die Gretchenfrage: Wie halten es die Gesellschaft und der Staat mit der vorbereitenden wie berufsbegleitenden Bildung von Bürgerinnen und Bürgern?
- Ist Bildung wirklich noch ein Allgemeingut, für das die Öffentlichkeit aufkommt, damit möglichst viele Menschen daran partizipieren können - im wechselseitigen Interesse?
- Oder ist „die Bildung" schon längst zu einem Produkt mit unbeschränkten Vermarktungspotenzialen verkommen? Für diejenigen, die wollen und es sich leisten können?!

Dass Deutschland entgegen der offiziellen Darstellungen kein Berufsbildungsparadies (GEW 2014) ist und dass der Staat bislang immer weniger für Weiterbildung ausgeben wollte, sind Fakten, mit denen sich die Unternehmen und Millionen Menschen in lebenslanger Weiterbildung auseinandersetzen mussten. Und es in Deutschland dann oftmals lieber sein ließen.

Das soll sich jetzt laut Weißbuch zum Thema Arbeiten 4.0 ändern (BMAS 2016). Die Politik hat erkannt, dass sie handlungsfähig werden muss, will sie bessere Voraussetzungen für die Erwerbstätigen schaffen. Dabei hofft sie auf mehr Eigeninitiative seitens der Unternehmen wie der Menschen.
- Dass diese aber in der Schule nicht für das lebenslange Lernen 4.0 ausgebildet wurden (und werden), ist zwar bedauerlich, aber rückwirkend nicht zu ändern.
- Dass diese erfahrungsgemäß in Deutschland auf staatliche Initiativen warten, ist wohl dem alten Obrigkeitsstaat zu verdanken, muss jetzt aber gedreht werden.

Was also kann man tun?

Es gilt jetzt proaktiv und kreativ nach vorne zu schauen. Denn gesetzliche Vorgaben und Auflagen sind in Zeiten des selbstorganisierten Lernens und Arbeitens eher kontraproduktiv und verkennen den Zeitdruck der 3,6 Millionen KMU und der vielen prekären Menschen. Sie müssen schnell und in immer kürzeren Abständen ihre Weiterbildung organisieren, die nur noch selten eine klassische formale Fortbildung sein kann, sondern sich weit dynamischer an den Interessen und Potenzialen der Lernenden und des Arbeitsmarktes orientieren muss.

Die Herausforderung heute: Nicht nur die Jungen gilt es vorzubereiten, sondern die Älteren gilt es „umzuprogrammieren", um in der digitalen Sprache zu verbleiben. Die Menschen an den Schaltstellen der Macht und in den Verwaltungen müssen sich dabei den neuen Rhythmus möglichst selbst schnell aneignen. Ansonsten haben sie und die Bevölkerung keine Chance. Nirgendwo.

2. DIE INNOVATOREN UND IHRE VORAUSSETZUNGEN

Wir leben mitten in der digitalen Revolution. Weder individuell noch strukturell sind wir optimal darauf eingestellt. Wie schafft man heute möglichst zeitnah den Switch? Früher begegnete man den industriellen Revolutionen mit zentralisierten Bildungsreformen. Doch was wäre die Alternative zur Einrichtung polytechnischer Hochschulen heute?

Industrielle Revolutionen wurden von Wissenschaftlerinnen, Forschern, Gelehrten, Erfinderinnen ausgelöst, die über die herrschende Lehrmeinung und ihre Regeln hinweg dachten, weil sie neugierig und wissenshungrig waren.

Den Vor- und Weiterdenkern wie Johannes Kepler, Galileo Galilei, Antoine Lavoisier, C.F. Gauss und Albert Einstein schlugen von Seiten ihrer Zeitgenossen nicht gerade spontane Wellen der Begeisterung entgegen.

Aber die erste industrielle Revolution im 18. Jahrhundert machte wissenschaftliche Erkenntnisse in fast allen ökonomisch relevanten Bereichen - Landwirtschaft, Infrastrukturen, Transport, Handwerk, Banken - zu Möglichkeiten und Lösungen der Ingenieurskunst, in denen sich geistig-schöpferische, praktische und gesellschaftlich nützliche Tätigkeit verband. „Fortschritt" und „Positivismus" bestimmten die Denkart des 19. und 20. Jahrhunderts. Fortschritt war positiv konnotiert - und unilinear. Es ging immer nur in eine Richtung, nämlich nach oben.

Neues Wissen in seiner praktischen Umsetzung sofort als Kompetenz zu verarbeiten, es als kreatives Gemeingut einzusetzen und zu erweitern, erfordert jedoch nicht nur spontane Lern- und Lehrbereitschaft, sondern die Fähigkeit, alles Vertraute und Bekannte hinter sich zu lassen.

Die Luddites genannten Maschinenstürmer, die sich 1820 den neuen Technologien widersetzten und sich gleichzeitig gegen die starren Regeln der Berufsgenossenschaften empörten, haben auch heute Epigonen, die die digitale Revolution als Einstieg in die digitale Demenz verteufeln. Das allgemeine Unbehagen vor dem Unbekannten ist Wasser auf die Mühlen der Bildungs-Konservativen.

Doch was nützen geniale Ideen und kreative Erfindungen, wenn die nötigen Fachkräfte für ihre schnelle Umsetzung fehlen - weil strukturkonservative Entscheider und Entscheiderinnen die Zeichen der Zeit nicht in ihrer Dramatik begreifen (wollen)?

BILDUNGSREFORMEN

Früher setzten aufgeklärte Entscheider die Bildungsreformen auf dem kurzen Dienstweg von oben durch. Ob das heute wünschenswert wäre? Wohl kaum. Ob ein Blick in die Geschichtsbücher lohnt? Wohl schon.

Aus dem Bedürfnis heraus, anwendbares Wissen und Erfindungen flächendeckend sofort zu nutzen, entstanden in Frankreich (1743) die ersten polytechnischen Hochschulen. Dort wurde von Anfang an ohne starre Fächerzuordnung gelehrt und gelernt. Wissenschaften, Technologien und Philosophie bildeten in diesen Lehrstätten ein Ganzes und förderten so ganzheitliches Denken.

Um schnell die größtmögliche Anzahl an kreativen und innovativen jungen Köpfen anzulocken, war die Aufnahme an den frisch gegründeten polytechnischen Schulen lediglich an die intellektuellen Fähigkeiten und nicht an den gesellschaftlichen oder finanziellen Status der Kandidaten gebunden. Damals bekamen sie sogar ein kleines Taschengeld und der Staat sorgte für Kost und Logis, so wertvoll waren sie ihm!

Deutschland zog ab 1810 mit der Reform des Bildungssystems nach – auch, um den industriellen Vorsprung Frankreichs und Englands aufzuholen. Hier begann Wilhelm von Humboldts bildungspolitisches Wirken, auf das sich bis heute die meisten deutschen Bildungs-Apologet*innen berufen (Wagner 2015).

Der Pragmatismus der europäischen Bildungsreformer des 18. und 19. Jahrhunderts in Frankreich und in Deutschland gründete sich damals auf eine einfache Überlegung: Je mehr Menschen über theoretisches Wissen und praktische Fertigkeiten verfügen, desto größer ist die Wahrscheinlichkeit, dass sich aus der Masse Kreativität und neue Ideen entwickeln. Und diese bereichern sowohl die Individuen als auch die Gesellschaft.

Dieses Prinzip wurde auch vom politischen und ökonomischen Konsens befördert. Es gab ja in den europäischen Industrieländern ein staatspolitisches Motiv, schnell von Obrigkeits wegen das allgemeine Bildungsniveau im Land anzuheben: Das Bestreben, stärker, besser und mächtiger als die Nachbarn zu werden.

Wissen bedeutete ökonomische Macht, auch für Individuen. Das Kalkül

ging damals auf.
- Im 18. Jahrhundert waren es Handwerker und Wissenschaftler, die die technologischen Möglichkeiten in neue Lösungen und Produkte verwandelten. Aus denjenigen, die schnell waren und unternehmerisch dachten, wurden erfolgreiche Industrielle.
- Frühe Garagentüftler entwickelten Produkte, die anfangs niemand verstand, später aber alle haben wollten und die somit die ökonomische Ordnung veränderten.
- Für an den Rand gedrängte Existenzen (Frauen, Juden) waren Kreativität, Innovation und Wissen die einzigen Fluchtwege aus der gesellschaftlichen Einengung und die Chance zum sozialen Aufstieg.
- Arbeiter, die lesen und schreiben konnten und noch dazu die neuen ökonomischen und technologischen Gesetze für ihren eigenen Karriereplan nutzten, schafften es später bis zum Direktor großer Fabriken.

„Hohes technisches Verständnis, eiserne Energie und Ehrgeiz verhalfen ihm zu frühzeitigem Abschluss und Aufstieg." (über Ernst Voss, Direktor der Voss-Werke).

UND HEUTE?
Das Kalkül „Wissen = ökonomische Macht" gilt noch immer. Nur haben sich sowohl die Anzahl als auch die Eigenschaften der Fachkräfte verändert, die es auszubilden gilt. Wissensarbeiter*innen als Büroangestellte im Dienstleistungssektor werden als Massenprodukt nicht mehr gebraucht. Zudem ist die Mehrzahl der Erwerbstätigen in Deutschland heute nicht mehr ungebildet wie im 19. und 20. Jahrhundert, trotz der hartnäckigen Analphabeten-Quote von offiziell über 10%.

Wenn die Hälfte der Arbeitszeit aller Wissensarbeiter*innen unproduktiv ist und etwa die Hälfte dieser Jobs durch den Einsatz von künstlicher Intelligenz und Software im kommenden Jahrzehnt überflüssig werden, wird ihre Weiterbildung zu einem gesellschaftlichen, sozialen und volkswirtschaftlichen Problem.

Bildungsreformen von oben schnell und zügig durchzusetzen wie bei den vorigen industriellen Revolutionen und ihren Bildungsschüben, mag sich heute niemand vorstellen. Außer der „Ellenbogenfreiheit" fehlt dazu auch die Zeit. Es gibt aber noch andere Gründe, warum Bildungsreformen von oben nicht die Lösung sein können:
- Die digitale Rückständigkeit liegt in der Natur eines Bildungswesens, das sich zwischen der ersten und zweiten industriellen Revolution mit seinen Werten etabliert hat.
- Hürden, die von Bildungsbürokraten errichtet werden, sind immer noch hoch (Wiarda 2009) und die Widerstände in Veränderungsprozessen

sind zäher als die Pioniere 4.0.
- Im Informations-Getöse verhallen Aufrufe wie die der Bundeskanzlerin 2008 zur Bildungsrepublik, und zwar genauso wie Warnungen vor dem digitalen Darwinismus der deutschen Wirtschaft oder die einseitigen Meldungen zum Thema Industrie 4.0. Dass sie nachhaltig Wirkung zeigen werden, ist unwahrscheinlich.
- Zudem, Bildung bleibt hierzulande die letzte Länderhoheit mit Kooperations-Verboten und Verschachtelungen, wie zeitgemäß dies auch immer sein mag.[3]
- Die Grundausbildung gilt noch als ein Allgemeingut und soll allen kostenfrei zugänglich sein. Aber das gilt nicht für die lebenslange Weiterbildung, die Politiker*innen, Unternehmen und Sozialpartner doch fordern. Immerhin steht das persönliche Erwerbstätigenkonto mit 20.000 Euro pro Jahr jetzt im Raum. Bei dem aber natürlich auch alle mitbestimmen wollen. (Später dazu mehr.)
- Schließlich: Die neuen digitalen Technologien sprengen den traditionellen Wissenstransfer in Form von temporärer, einmaliger Ausbildungszeit und führen zu einer hybriden Arbeitszeit. Sie wird künftig von einer zweiten Ebene überlagert, die lebenslange Lernzeit als Teil der Arbeitszeit vorsieht. Für beide müssen innovative und nachhaltige Lösungen erst erfunden werden.

ARBEITEN 4.0
In Zeiten fortschreitender künstlicher Intelligenz, in denen Roboter nicht nur über theoretisches Wissen und praktische Fertigkeiten verfügen, sondern bald durch die systemische Datenvernetzung neue Lösungen und neues Wissen entwickeln können, läuft den Bildungsträgern und ihren Nutzern entsprechend die Zeit davon. Und was kommt dann?

„Durch die Vernetzung von Milliarden Menschen über mobile Endgeräte mit immenser Speicherkapazität ist der Zugang zu Informationen und Wissen unbegrenzt. Neue Technologien im Bereich der KI, dem IIoT, Roboter, 3D Drucker, Nano-Technologien, Biotechnologien, Quantum Computing und Smart Grids stehen schon ins Haus."
(Schwab 2016)

Nicht nur die Grenzen zwischen den verschiedenen Tätigkeiten verschwinden durch die neuen Querverbindungen. Auch die Grenzen zwischen Arbeiten und Lernen werden durchlässig und machen in vielen Bereichen starre Jobprofile ebenso sinnlos wie feste Ausbildungsraster.

---

[3] „Klar, es bedarf klarer Zuständigkeiten, die können aber auch bei Kooperationen klar definiert sein. Da dies meist nicht die Regel ist und weil man sich nicht traut, Bildung zu zentralisieren, wird jetzt die Aufhebung des Kooperationsverbotes gefordert. Das ist widersinnig."

Die digitale Revolution schafft dabei auch eine neue Werteordnung:
- Die Zusammenarbeit mit KI und der wachsende Bedarf an Kreativität in allen ökonomisch wertschöpfenden Bereichen, auch und vor allem in der Bildung.
- Welche Werte stehen dem Zeit-, Energie-, Geld-Aufwand gegenüber? Die immer kürzeren Haltbarkeitszeiten des vermarktbaren Wissens zwingen alle Erwerbstätigen zu einer proaktiven Kosten-Nutzen-Analyse. Lohnt sich überhaupt der finanzielle und zeitliche Aufwand? Wie und wo sind die gleichen Inhalte zugänglicher und kostengünstiger? Bieten die Wissensinhalte genügend Vernetzungspunkte für Querverbindungen?

LERNEN 4.0

Die künftige individuelle Beschäftigungsfähigkeit hängt von der lebenslangen Lernfähigkeit und Lernbereitschaft des Einzelnen und seinem Lernumfeld ab. Die Wissensarbeiter/innen des 21. Jahrhunderts entwickeln ihre Kompetenz in kreativer Verbindung mit der Materie. Sie werden dabei zu schaffend tätigen, vielfältig vernetzten Wissensnomaden, vielseitig einsatzfähig und immer auf der Suche nach Neuem - im eigenen Interesse. Lernen entspricht immer mehr einem *Learning by doing*.

Den polytechnischen Hochschulen von einst stehen somit in Zukunft sich selbst weiterbildende Menschen gegenüber, die auf komplexe lebensbegleitende Lernsysteme zugreifen müssen, die das Wissen der Einzelnen mit dem der Maschinen vernetzen. Wie solche Systeme ansatzweise aussehen können, darauf kommen wir im 3. Kapitel zu sprechen.

3. VON DER NEUEN VERGÄNGLICHKEIT DES BERUFSBILDENDEN WISSENS

Joseph Schumpeter veröffentlichte 1912 mit 28 Jahren erstmals seine Theorie der wirtschaftlichen Entwicklung als Professor in Graz. Im Gegensatz zum damaligen Mainstream sah er kapitalistische Märkte prinzipiell im Ungleichgewicht.

Indem Pionierunternehmen permanent nach neuen Produktkombinationen fahnden, stoßen sie immer wieder neue Innovationen als „schöpferische Zerstörung" an. Damit lässt sich die Dynamik der kapitalistischen Entwicklung aus sich selbst heraus erklären. In bestimmten Flaute-Phasen setzen sich schließlich bestimmte Innovationen durch, was wieder zu einem neuen Aufschwung führt – aber es wird auch wieder entsprechendes Wissen benötigt. Da diese Phasen immer kürzere Wellen schlagen, verkürzt sich nebenbei auch die Haltbarkeitsdauer des berufsbildenden Wissens. Das muss Auswirkungen auf die Ausgestaltung des Bildungssystems haben. Anders lässt es sich nicht meistern.

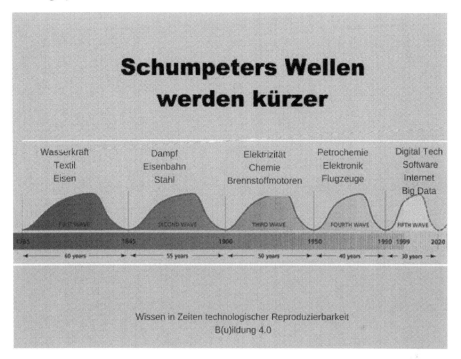

Ab der zweiten industriellen Revolution, also Mitte des 19. Jahrhunderts, passten sich die Bildungssysteme der Industrienationen schnell den Bedürfnissen der ökonomischen Entwicklung an. So wollten es die politischen Lenker in Frankreich und Preußen (später dem Deutschen Kaiserreich), die damals Vorreiter des binären Fortschritts von Industrie und Bildung waren und Bildungs-Revolutionen von oben gegen alle Widerstände verordneten.

Für die Fabrikarbeiter der Massenproduktion des 19. und 20. Jahrhunderts reichte die Grundkompetenz in Lesen, Schreiben und Rechnen. Doch wer keine Knochenarbeit mehr machen wollte, musste immer mehr lernen: Am besten theoretisches und technologisches Wissen statt handwerkliche Fertigkeiten. Denn die waren ja schon damals weitestgehend durch Maschinen ersetzbar. Ein weißer Kragen war edler als ein Blaumann und stellte den sozialen Aufstieg dar: *White collar workers*, so nannte man sie im englischsprachigen Raum. Dieses Mindset spiegelt sich heute noch in den Nadelstreifen oder auch den Arztkitteln als den wenigen äußerlichen Merkmalen einer vertikalen Hierarchie, die sich immer unsichtbarer macht.

Die Bildungssysteme schufen mit der Zeit Stufen und Standards für die Industrie und die Dienstleistungs- gesellschaft. Genormte Inhalte,

Zeiteinheiten, Vorlagen und bei steigender Zahl der Auszubildenden und Stufen immer mehr quantitatives Wissen.

So basierte für den Einzelnen jeder Etappensieg auf individueller Leistung, die aber der einheitlichen Bewertung und der Auslese unterlag. Ob die Inhalte im Verhältnis zu den Kosten, dem Aufwand und der Effizienz standen, war kein Thema, solange die Abschlüsse, sozusagen durch Bildungs- einrichtungen emittierte Wertpapiere, einen festen Kurswert auf dem Arbeitsmarkt hatten. Je höher die Sprossen auf der Bildungsleiter, desto wertvoller waren die Titel.

WAS WISSEN WERTVOLL MACHT?
SEIN ...
- IMAGINATIVER WERT (VORSTELLUNGSWERT)
- POSITIONALER WERT (PRESTIGEWERT)
- FUNKTIONALER WERT (GEBRAUCHSWERT)

Doch schnelle, treppenartig aufbauende Zyklen verändern heute das technologisch-ökonomische Umfeld. Sie stellen den Sinn von Investitionen in diese Art von Wertpapieren infrage.

Und es gibt immer weniger Überschneidungen zwischen drei Werten: Dem funktionalen, also Gebrauchs-Wert des Wissens einerseits, dem positionalen, also Prestige-Wert andererseits und erst recht dem imaginativen, dem Vorstellungs-Wert (also dem, was Lernende sich von solch einer Investition erhoffen).

Es wird derzeit immer deutlicher: Die Unternehmen brauchen zunehmend Wissen von morgen, das von den Bildungsträgern heute nicht geliefert werden kann, solange ihre Programme noch voll sind mit dem Wissen von gestern.

- ☐ Weiter Menschen für Berufe auszubilden, die technologisch überholt sind, wird zu einer volkswirtschaftlichen Fehlleistung.
- ☐ Menschen nicht auf Berufe der Zukunft vorzubereiten, ist ein pädagogischer Offenbarungseid. Und ein bildungspolitischer obendrein.

Die Wissensarbeiter*innen im 21. Jahrhundert stehen somit vor einer ähnlichen Situation wie einst die Millionen Handwerker des verarbeitenden Gewerbes angesichts der neuen Maschinen. Deren Kompetenz und ihr individuelles und kollektives Wissen wurden damals durch die Technologien und Maschinen entwertet. Die meisten rutschten ins Proletariat ab und nur wenige schafften es, die neuen Technologien intelligent mit den alten Berufen zu verbinden.

Daran hat sich auch in Zeiten der unendlichen Reproduzierbarkeit des Wissens wenig geändert. Heute stehen etwa 600 Millionen Wissensarbeiter*innen weltweit vor ähnlichen Herausforderungen. Im Wettlauf mit den Maschinen zählt keine der bisherigen Tugenden mehr (Brynjolfsson und McAfee 2012).

> "ABGESEHEN VON EINER **HANDVERLESENEN GRUPPE HOCHQUALIFIZIERTER UND EXTREM KREATIVER WISSENSARBEITER*INNEN** BRAUCHT DAS KAPITAL AUCH DIE MASSE DER WISSENSARBEITENDEN NICHT MEHR. WENN ES NACH DEN WALL STREET ENTSCHEIDERN GINGE, KÖNNTEN SIE WIE MILLIARDEN ANDERER ENTSORGT WERDEN."
> (Peter Frase: Four Futures, 2016)

Nur die ständige Wachsamkeit hilft die Veränderungszyklen, während sie sich abspielen, wahrzunehmen und sich die Auswirkungen auf die eigene Beschäftigungsfähigkeit vorzustellen. Offenheit wird im digitalen Zeitalter zu einer Schlüsselkompetenz, neben Neugierde und Resilienz. Sie entfalten sich jedoch nur auf einem festen Sockel an Grundkompetenz.

Die Schumpeter-Zyklen, diese von wissenschaftlichen und industriellen Revolutionen ausgelösten Veränderungsschübe, werden heute wie damals von Vielen immer noch verdrängt (Kuhn 1996). Lebenslängliches Lernen und Arbeiten muss als *modus vivendi* noch ausgetestet werden: von den Betroffenen, ihren Arbeitgebern – aber auch und vor allem von den Bildungsträgern.

„Ein Kurs allein ist noch keine Weiterbildung." (Minor 2016)

Die Vergänglichkeit des berufsbildenden Wissens zwingt dazu, das ganze Bildungskorsett konsequent zu entsorgen und es durch fließende und offene Netzwerke zu ersetzen.
- Bildung im Flow statt nach Programm.
- Prototyping statt Prüfungs- regeln und ISO-9000. Das ist B(u)ildung 4.0, immer liquid statt starr (Deutsche Telekom 2015).
- Bildung ist künftig im Angestellten-Modus direkt an Arbeit 4.0 und Industrie 4.0 gekoppelt. Sie entscheidet über die Beschäftigungsfähigkeit der Wissensarbeiter*innen des 21. Jahrhunderts, für die Arbeit nicht eine Verengung, sondern eine Erweiterung des Daseins sein sollte (Arendt 1998).
- Bildung ist zunehmend die Voraussetzung für alle Nicht-Angestellten, mit eigenen Projekten und Ideen zukunftsfähige Alternativen für aktuelle Probleme zu entwickeln und diese mit der kollektiven

Intelligenz der vernetzten Crowd zusammen anzugehen.

B(u)ildung 4.0 ist denkbar und machbar, stößt in der Praxis jedoch auf die vertrauten Widerstände in Veränderungsprozessen. Darum vollzieht sich diese Revolution im Hintergrund bis eines Tages die alten Bildungseinrichtungen zu leeren Hallen werden (Frey 2013).

Doch was wird inzwischen aus den „Humanressourcen" mit Bildungsbedarf – oder sollen wir lieber sagen: den aufgeklärten Menschen, die sich aktiv einbringen möchten in die Zukunftgestaltung?

4. MASSENBILDUNG

Mit dem stufenweisen Übergang von der Industriegesellschaft in die Dienstleistungsökonomie und dem massiven Ansteigen der Zahl von Wissensarbeiter*innen unter den Angestellten nahm der normative und deskriptive Wissenstransfer innerhalb der Bildungssysteme zu. So konnten Massen nach festgelegten und verbindlichen Normen gebildet und ausgebildet werden.

Allgemeinbildung verdrängte zunehmend praktische Fertigkeiten. Gleichzeitig wurde die Bildungsleiter Stufe um Stufe aufgestockt - im Sinne der Unternehmen, der Gesellschaft und der Politik.

Mehr Bildung steigerte die sozialen und beruflichen Erfolgschancen. Gut Ausgebildete in Hülle und Fülle seien gut für die Wirtschaft und die Gesellschaft, so hieß es. Diese Botschaft gefällt noch immer. Inzwischen ist jedoch schon jeder zweite Studiengang zulassungs- beschränkt.

Zusätzlich zum *Numerus Clausus* begegnete man dem Massenandrang mit dem Mengenprinzip: Immer mehr Inhalte in immer kürzerer Zeit und unter stressigen Bedingungen bei gleichzeitig weniger Investitionen in Personal und Betrieb. So wird Druck aufgebaut und so entstehen Ausleseverfahren und wächst der Nimbus des „positionalen Gutes" (also Status): "Master of Business Administration", möglichst an einer Elite-Hochschule oder im Ausland, das lohnte bislang den finanziellen und zeitlichen Aufwand.

- 1950 genügte für den Einstieg in den Arbeitsmarkt ein Volksschulabschluss.
- 1960 war der Realschulabschluss die Brücke zur Handelshochschule.
- Ab 1980 galt das Abitur mit einem Notendurchschnitt 1.0 als Himmelsleiter zum Erfolg.

NORMATIVES WISSEN ERKLÄRT NORMEN UND IHRE ZUSAMMENHÄNGE SO WIE **DESKRIPTIVES WISSEN** PROZESSE UND PHÄNOMENE BESCHREIBT.
BEIDE BLEIBEN IN IHREM JEWEILIGEN KONTEXT UND SIND

NICHT KREATIV.

Doch die Massenproduktion hat trotz der Auslese ihre Kehrseite.
Erstens: Zu viele davon verderben den Preis und die Wertschätzung. Die Akademikerschwemme wird wieder zu einem volkswirtschaftlichen, ethischen und sozialen Problem (Dämon 2016). Wohin mit den Akademiker*innen, deren Ausbildung zwar teuer, aber deren Wissen zusehends ökonomisch wertlos ist? Zumindest in einer Lebenswelt, die sich rund um das Normalarbeitsverhältnis strukturiert.
Zweitens: Das goldene Zeitalter der Abiturienten scheint vorbei zu sein. Die meisten Berufe, für die heute ein Abitur notwendig ist, werden morgen durch künstliche Intelligenz, digitale Technologien und *Big Data* in Form und Inhalt verändert und in vielen Fällen ersetzt.
Inzwischen wird die unmittelbare Effizienz von Bildung, Ausbildung und Weiterbildung direkt mit den Erfolgschancen der vierten industriellen Revolution in Verbindung gebracht. *„Keine Industrie 4.0 ohne Bildung 4.0"*, lautet die Botschaft in Stereo. Nicht nur die Unternehmen zweifeln zunehmend an den bestehenden Bildungseinrichtungen, sondern auch diejenigen, die diese besuchen.
B(u)ildung 4.0 bedeutet dagegen Kooperation, Zukunftsorientierung, Optimierung von Plattformen und Netzwerken. Anstelle von normativen Vorlagen und Programmen, deren Ausarbeitung länger dauert als ihre Relevanz.

„BWL nützt gar nichts!" (Kucklick 2013)

Trotzdem büffeln dort in der Betriebswirtschaftslehre über 53% aller Studierenden weiter (Monika Haas 2016). Es ist einfacher, als neue Wege zu suchen und sie selbst zu vermessen. Der Angestellten-Fetisch ist dabei der eine Krückstock.

Die Digitalisierung stellt nicht nur die zeitliche und räumliche Ordnung der Hochschulen und Universitäten generell in Frage. Auch die Formen, Inhalte, Modalitäten sowie die Kosten-Nutzen-Analyse ihrer Aktivitäten stehen zur Disposition. Sobald die Lernenden nämlich direkt ihre Ausbildung selbst finanzieren, geraten die Bildungsträger unter Druck und müssen sich anpassen. Wie in den USA und England und überall, wo sie direkt von den Lernenden finanziert werden und nicht vom Staat. Bis 2030 werden dort vermutlich nur wenige Hochschulen überleben (Schwartz und Thille 2015).
Darüber hinaus hat sich herumgesprochen: Die erfolgreichsten Unternehmerinnen und Unternehmer der neuen Kreativindustrie und innovative Startuppers mit Geschäftsideen haben nicht selten ihr Studium

(Steve Jobs, Mark Zuckerberg) oder spätestens ihr PhD-Studium (Larry Page, Sergey Brin, Elon Musk) vorzeitig abgebrochen. Neue Produkte brauchen keinen Master-Abschluss - im Gegensatz zu den Wissensarbeiter*innen im Angestelltenverhältnis (Pallotta 2012).

Die Angestellten jedoch, egal auf welcher Stufe der Wissensleiter sie stehen, orientierten ihre Kompetenz und ihre Lernbereitschaft jahrzehntelang nach dem Prinzip: Je mehr Diplome, desto mehr Gehaltsansprüche. Wissen und Verdienst standen in direktem Zusammenhang.

Wenn heute also 53% aller Abiturienten immer noch pragmatisch BWL wählen, so folgen sie diesem quantitativen Gesetz und damit den Rastern und Wertvorstellungen der Welt von gestern. Einer Welt, die von den Theorien vom wissenschaftlichen Management aus dem letzten Jahrhundert geprägt ist:

SEGMENTIEREN, FORMATIEREN, STANDARDISIEREN, EVALUIEREN!

Das alte Denken war bestimmt durch folgende Maxime: Damit quantitative Herstellungsprozesse am Ende Qualitätsprodukte hervorbringen, muss auf allen Ebenen Druck erzeugt werden. In der Produktion verkürzte man die Zeit, um die Produktivität zu steigern. In der Forschung setzte man auf den Wettlauf um Patente. Burn-out, Unfälle, Krankheiten waren und sind die Folgen.

Ähnlich im Bildungssystem: Hier im Bildungssystem sind stressgeschädigte Schüler*innen, Studierende (SPIEGEL ONLINE 2016) und Lehrende die Kollateralschäden eines Betriebssystems, das einfach weitermacht wie gewohnt.

Solange sich die Industriegesellschaft linear und langsam entwickelte, war das kein Problem. Doch die Gleichung Bildung ≈ Erfolg geht nicht mehr auf, wenn die Inhalte und die Reflexion der Zusammenhänge nicht in Echtzeit skalierbar sind.

Benutzerspezifisches und mit lokalen Ressourcen global vernetztes Lernen wäre dagegen *Smarter Learning*. Als Vorstufe zum *Smarter Working*.
Unmöglich? Unbezahlbar? Auf jeden Fall kostengünstiger als
- die Bologna-Reform,
- die akademischen Kreuzfahrtdampfer für das Massenpublikum (SPIEGEL ONLINE 2000),
- Bildungsgutscheine ohne Jobchancen und
- Fördermittel, die vom bürokratischen Aufwand aufgesaugt werden (finanzen.net 2016).

Die Zukunft und das Leben der Millionen Wissensarbeiter*innen im digitalen, globalen Zeitalter hängt vor allem von B(u)ildung 4.0 ab, deren Stimuli Vernetzung, Kollaboration und Zusammenarbeit sind. Sie setzt auf den schaffend tätigen Menschen, dessen Kompetenz und permanente Kreativität neue Werte schaffen, die es für eine nachhaltige Welt dringend braucht.

Permanente Kreativität jedoch generiert und regeneriert sich nur, wenn die Tätigkeit auch als sinnstiftend empfunden wird. Eine sinnvolle Arbeit gäbe ihrem Dasein statt der vertikalen Karriereleiter eine ganz andere Dimension...

5. MICKEY MAUS & CO.

Hochschulen und Universitäten haben im letzten Jahrzehnt über 18.000 Studiengänge auf den Bildungsmarkt gebracht (Laborjournal 2015). Darunter sind neben den verschulten Büffel-Studiengängen immer mehr „Mickey-Maus-Abschlüsse" (Shepherd 2010). Jedoch anscheinend nicht genug innovative MINT- und Maker-Abschlüsse. Und viel zu wenige Querverbindungen zwischen Handwerk, Wissenschaft und Universität, ganz zu schweigen von der zeitgemäßen digitalen Dynamik.

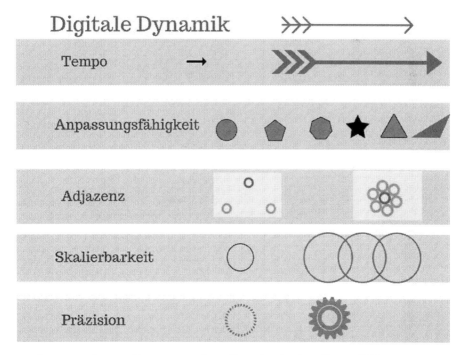

Autozentrierte Systeme wie die institutionellen Bildungssysteme entwickelten im letzten Jahrhundert komplexe Wucherungsprozesse und

Nischen und dazu einen bürokratischen Überbau, der bislang allen Reformen widersteht (Unterberger 2013).

☐ Einerseits wurde (wie gesagt) der Massenbetrieb in BWL und VWL angekurbelt, wo sich die Auslese durch gnadenlose Büffelei ergibt.

☐ Andererseits verwandelten Professor*innen ihre individuelle Orchideenzucht in Studiengänge. *Master of Arts* in Sorabistik, Onomastik, Keltologie garantieren zumindest den Lebensunterhalt der Professor*innen, Dozierenden und einiger Bürokrat*innen, die die Strukturen dafür aufbereiten.

Wie in der Industrie- und Dienstleistungsindustrie wird auch im Bildungssystem die Produktion ständig segmentiert und in Mogelpackungen mit neuer Aufschrift gesteckt (Siems 2016). "Quality Time Experte" oder "Business Information System Advisory" gefällig? Auf Englisch kommt alles besser an und niemand weiß mehr so genau, was damit gemeint ist.

Dabei wurden zwei Trends vernachlässigt: Wissen kommt heute sofort in den Umlauf, sucht nach Quervernetzungen und bleibt gerade in den neuen Bereichen Beta. Was soll da noch zertifiziert werden?

Und welche Gegenleistung erfolgt eigentlich für die ca. 130 Milliarden Euro des Bildungsetats (statista 2017)? Wie integrieren die öffentlich finanzierten Bildungsanstalten den wachsenden Bedarf an dynamischer Weiterbildung? In welchem Verhältnis stehen bürokratischer Aufwand (Kühl 2017), Instandhaltung der Strukturen zu einer effektiven Zukunftsinvestition in „B(u)ildung 4.0?".

Die Frage ist doch heute, gerade in Zeiten der großen digitalen Transformation: Wie können sich Menschen selbst ermächtigen, ihre Zukunft aktiv mitzugestalten? Anstatt nur zu verwertbaren, temporären Angestellten ausgebildet zu werden.

BLICKEN WIR ZURÜCK

Die Anhebung des allgemeinen Bildungsstandards stellte den Anstieg des intellektuellen Wohlstands für alle dar. Chancengleichheit, ziviles Bewusstsein und bürgerliches Engagement – alles kam mit in den Bildungskoffer.

Die Vorstellung von einer Arbeit, die viel Freude, persönliche Erfüllung oder möglichst viel Geld und Anerkennung bringt, motivierte tatsächlich immer mehr Menschen, zehn oder zwanzig Jahre ihrer Lebenszeit für Bildung zu investieren und dabei viel Stress, Frust und Kröten zu schlucken.

Dabei ergab sich mit der Zeit eine eigenartige Polarisierung: Während die Zahl der maroden Schulen stieg, explodierte die Zahl der Fachhochschulen.

So wie die Dienstleistungsgesellschaft im vorigen Jahrhundert ständig neue Bereiche erfand, mit immer neuen Zwischenebenen in Versicherungen, Verwaltungen, Banken, so segmentierten auch die ausbildenden Einrichtungen die traditionellen Fächer: in Nischenbereiche oder luftige Lego-

Schlösser mit zwiespältigen Bewertungen (SPIEGEL ONLINE 2017). Parallel dazu entwickelte sich die trügerische Dialektik des Nischenwissens. Dieses habe aufgrund seiner Rarität einen höheren Stellenwert auf dem Arbeitsmarkt, hieß es. Doch Nischenwissende stehen heute in direkter Konkurrenz zu Google, Deep Blue, Watson. Sie sind außerhalb der Lehranstalten nicht beschäftigungsfähig. Dort wird aber das erworbene Wissen teilweise mit einem effektiven Stundensatz von € 8,33 bewertet, etwas weniger als der gesetzliche Mindestlohn (Preuß 2014). Und die digitalen Nomaden sind die Bullshit Jobs 4.0 (Mash Up Nantes #12 2017).

Der Bildungsetat könnte heute besser für eine hochwertige Grundausbildung ausgegeben werden, die allen nach zehn Jahren eine zeitgemäße Grundkompetenz ermöglicht. Bei etwa 130 Milliarden Euro pro Jahr (statista 2017) wäre auch die effektive Förderung der etwa 2,5 Millionen Hartz-IV-Kinder die intelligentere Zukunftsinvestition. Oder die nachhaltige Weiterbildung aller Erwerbstätigen und vor allem ein bedingungsloses Lernguthaben für alle (BELGUT) (Laurençon und Wagner 2016). Und neue, offen zugängliche Räume wie Makerspaces. Wir greifen diesen Aspekt später nochmals auf.

6. SEI KREATIV ODER ...

Wissensarbeiterinnen und Wissensarbeiter haben ihre Kompetenz im Kopf. Sie waren bislang das Fertigprodukt eines komplexen Bildungssystems. Kreativität war allenfalls in den schönen und angewandten Künsten und im Kunsthandwerk gefragt.

> "DER **WISSENSARBEITER** ARBEITET MIT DEM **KOPF** UND NICHT MIT SEINEN HÄNDEN."
> (Peter Drucker)

Das persönliche Kompetenzraster von Wissensarbeiter*innen setzt sich aus viel normativem und deskriptivem Wissen plus persönlicher Erfahrung zusammen. Das unterscheidet sie von Bauern, Handwerkerinnen und Fabrikarbeitern, deren Arbeit körperlichen Einsatz und auch geschickte Hände fordert.

Von der Buchhalterin zum Wissenschaftler, von der Mitarbeiterin im Service-Center zum Manager, vom Juristen zur Lehrerin - sie alle sind Teil der Wissensarbeiterschaft ohne feste soziale und professionelle Verankerung zwischen Industrie, Handwerk und Freiberuflertum.

Die meisten Wissensarbeiter*innen sind deshalb nur austauschbare Elemente ohne kreative Eigenschaften. Sie bringen keine an ihrer Person haftenden Fähigkeiten mit, um mit Manuel Castells zu sprechen (Wagner 2011). Darum werden sie von intelligenten Maschinen ersetzt, sobald ihre Arbeitsprozesse automatisierbar sind und von künstlicher Intelligenz besser und billiger ausgeführt werden können.

Zwischen 20% und 47% der Angestellten, so die Prognosen der MIT- und Oxford-Wissenschaftler, sind davon weltweit betroffen (Frey und Osborne 2013). Für Deutschland noch zu optimistisch? Wolf Lotter (2015) zitiert die volkswirtschaftliche Abteilung der ING-DIBA, die mit einem Verlust von bis zu 59% rechnet. Studien im Auftrag des Bundesarbeitsministeriums hingegen gelangen hinsichtlich der Beschäftigungseffekte der Industrie 4.0 zu dem Fazit, es werde in Deutschland „deutliche Verschiebungen zwischen Berufsgruppen, keine signifikanten Beschäftigungsverluste" geben (BMAS 2016).

Im angelsächsischen Raum ist man weniger zuversichtlich. Der Trend zur Automatisierung habe sich sogar noch beschleunigt und sei unaufhaltsam (Shewan 2017). Nicht mehr der Manager oder Angestellte, der sich in horizontale Arbeitsprozesse und vertikale Hierarchien einfügt, sei künftig die zentrale Figur, um die sich der Arbeitsmarkt dreht. Der neue Phänotyp am Arbeitsmarkt ist der Innovator, Künstler, Tüftler, Maker. Der Entrepreneur mit

- erweiterbarem Fachwissen,
- dazu ein gewisses Maß an Netzkompetenz,
- ohne Routinearbeiten,
- der selbstorganisiert lernt und arbeitet (Frase 2016).

Das kommt dem Lebensgefühl vieler Menschen durchaus entgegen. Entwickelt und belebt von den digitalen Technologien reproduziert die vierte industrielle Revolution gleichzeitig das Wertesystem ihrer Pioniere. Die wollten anfangs

- dezentrale Netzwerke, in denen sich Informationen und Wissen unendlich und offen reproduzieren und dabei vernetzen kann;
- immaterielles Wissen zur Materie machen, die im *Mashup* Neues erzeugt, möglichst zum sofortigen Wohl der Weltbevölkerung und zum Nutzen für die nächsten Generationen.

Was bedeutet das? Wie immaterielles Wissen neue Materie werden kann, zeigen z.B. Tesla und SpaceX – eigentlich alle Aktivitäten von Elon Musk. Er kombiniert altes, bekanntes Wissen neu und optimiert dieses mittels Software. Und daraus entsteht dann neue Materie (Autos, Hyperloop, Raketen, Marsbesiedlung usw.).

In diesem Sinne ist B(u)ildung 4.0 kollaborativ, vernetzt und immer im Wandel. Mit einer gewissen Tradition: Die 70er Jahre waren noch Zeiten des

Aufbruchs und intellektuellen Umbruchs. Inzwischen stecken diese Ideale weltweit verstreut und vernetzt zwischen Wall Street und Main Street fest. Doch ihre Technologien schafften den Durchbruch und die schöpferische Zerstörung durch die neue Kreativindustrie.

„Innovationen sind eine Kernkompetenz der Kreativindustrie. Kreative Unternehmen entwickeln neue Ideen, Produkte, Dienstleistungen und stellen sie dann in kleinen Serien kundenspezifisch als Unikate oder Prototypen her. Normalerweise handelt es sich nicht um technische, sondern um sog. Soft Innovations, die in ihrem Konzept und ihrer Verwirklichung kaum klar definierte Patente, Produkte oder Prozesse beinhalten."
(Fraunhofer ISI 2012)

Das ist der Paradigmenwechsel, den alle Wissensfabriken in ihre Fertigungslinien aufnehmen sollten. Sonst ereilt sie schnell das gleiche Los wie das der Kaufhäuser der Innenstädte: menschenleer, voller Ladenhüter und Personal ohne Zukunft.

Wissen lässt sich nicht mehr bündeln und löffelfertig in den Bildungsinstitutionen und etablierten Routinen ausliefern. Es ist flüchtig und muss sich vielfältig vernetzen mit der Welt draußen.

Die Hochschulen in den USA versuchten das nach der Finanzkrise seit 2009 in Form von Open-Knowledge-Plattformen und MOOCs. Ohne Massive-Open-Online-Kurse würden sie schnell wieder zu kleinen, elitären Einrichtungen schrumpfen, wo den Kindern der Oberschicht beigebracht wird, wie man dort dauerhaft die Stellung hält. Diplome und Titel brauchen die für ihre Karriereleiter ja nicht und Kreativität und Innovation kann man zukaufen.

Mit den MOOCs gelang der Sprung über den begrenzten Tellerrand in die globale Gesellschaft. Der *Long Tail* (der lange Rattenschwanz) der Vernetzung und des Crowdsourcings wurde zum zentralen Treiber des beginnenden Transformationsprozesses.

Die nächste Etappe sind voraussichtlich Plattformen mit multiplen Ebenen und Seiten wie z.B. die Blockchain, wo unterschiedlichste Benutzer*innen, Inhalte, Formen und Bedürfnisse sich vielseitig vernetzen, kreuzen und anreichern. Ob und wie effizient sie dann funktionieren, hängt wie bei allen Plattform-Modellen von der Menge der Benutzer und der Vielfalt der Daten ab.

Im englischsprachigen Raum ist das eher eine Frage der Geschwindigkeit und des Geschäftsmodells. Aber wie und wo können sich auch Millionen deutschsprachige Wissensarbeiter*innen am Puls der Zeit bewegen? Wie könnten sie Druck aufbauen, damit sich etwas auch in D-A-CH bewegt? Bildung in zentralen öffentlich-rechtlichen Organisationen wird im globalen Wettlauf zur tödlichen Falle.

Die *Creative Class* bleibt auch in Zukunft eine überschaubare Gesellschaft von Menschen, die mit ihrer an der Person haftenden Kompetenz erfinderisch arbeiten kann. Der Kern der kreativen Klasse, die Künstlerinnen und Künstler, die „Self-Starter" mit hoher Eigenmotivation, sind das Gegenteil der Wissensarbeiter*innen des 20. Jahrhunderts, die im Angestelltenverhältnis immer mehr in Prozesse, Protokolle und Prozedere eingeordnet wurden.

Ob die kreative Klasse auf der Kommandobrücke der Weltwirtschaft stehen wird, bleibt dahingestellt. Als Auslese der kreativen und innovativen Köpfe haben sie jedenfalls bei den neuen Besitzern der Produktionsmittel einen hohen Stellenwert – sofern sie sich im digital vernetzten Weltmarkt zu bewegen wissen. [Auf die gentrifizierenden Kollateral-Schäden wollen wir an dieser Stelle nicht eingehen. (Wetherell 2017)]

Die restlichen 90% der Wissensarbeiter*innen müssen hingegen – anders als noch in der Industrie- und Dienstleistungsgesellschaft – vor allem smart sein, um in *Smart Factories*, *Smart Offices*, *Smart Services* und im Umgang mit den neuen Technologien, der künstlichen Intelligenz und *Big Data* einen Mehrwert zu erzeugen. Nur hier in den *Smart Factories / Offices / Services* wird es für sie übergangsweise noch Arbeitsverhältnisse mit Festanstellung geben.

Die Alternative lautet Selbstständigkeit, heißt aber, sich selber neue Jobs zu erfinden und sie dann gezielt und geschickt vermarkten. Um damit zu überleben, müssten sie dann aber in den Kernbereich der *Creative Class* vordringen. Nur so können sie es langfristig schaffen, im Wettlauf mit den intelligenten Maschinen noch ihr Alleinstellungsmerkmal und ihre menschliche Eigenheit zu behaupten.

Smart ist dabei mehr als nur ein Modewort. Es ist die Überlebensstrategie in der "Liquid Society" (Baumann 2013), zumindest in der Übergangszeit. S-M-A-R-T steht demnach für:

- *Soft Power*, die Interaktion in einer digital vernetzten Welt;
- *Mashing Up* beschreibt die intuitive Vermengung von Daten, Informationen und Wissen, um andere Schnittmengen und Querverbindungen zu erzeugen;
- *Agil* ist das Gegenteil von schwerfällig, träge, unbeweglich;
- *Responsive*, das umfasst Anpassungsfähigkeit und intellektuelle Skalierbarkeit;
- *Transient* bedeutet immer im Übergang zu sein. *Transition Towns & Places* werden zu Knotenpunkten der digitalen Gesellschaft.

SMART
im digitalen Zeitalter

4.0

SOFT POWER   MASHING UP   AGILE   RESPONSIVE   TRANSIENT

7. DIE 7 SÄULEN DES DIGITALEN LERNENS

„Im Zeitalter der digitalen Technologien bestimmen informative Transaktionen die DNA des digitalen Lernens und des Wissenstransfers." (Raschke 2003)

Wissen, Bildung und das Zeitalter 4.0 kommen heute zu dritt einher. Sie stützen sich auf die sieben Säulen des digitalen Lernens und passen so gar nicht in die Bildungswelt von gestern.

Auf den Komponenten Zeit, Raum, Tempo, Lernpfade, Technologie, (digitalisierte) Inhalte und Vernetzung als standardisierte Säulen baute zwar auch früher das Lernen als solches auf. Aber die Statik hat sich verändert im digitalen Zeitalter. Heute steht „der Mensch im Mittelpunkt" - und dies richtig fest, nicht nur so dahergesagt. Er oder sie muss sich als Gestalter*in der eigenen Lernprozesse je nach persönlichem Bedarf begreifen.

7 SÄULEN DES DIGITALEN LERNENS

ZEIT - ÜBERALL UND ZU JEDER ZEIT

RAUM - PRÄSENZ NUR BEI BEDARF

TEMPO - SELBSTBESTIMMT

LERNPFADE - SELBSTORGANISIERT

TECHNOLOGIE - LIEFERT DIE INHALTE

DIGITALISIERTE INHALTE - INTERAKTIV

VERNETZT - COACH, KI, P2P

Die Säulen sehen dann für jeden unterschiedlich aus, je nach Tagesbedarf und individueller Tagesform. *Digital first*, so lautet der Schlager im 21. Jahrhundert. Der Mensch wird selbst zur DJane seines Lernlebens.

Als Katalysatoren berufsbildender Wissensinhalte sollten sich die Ausbildungssysteme künftig mit der Reproduzierbarkeit des Wissens und seiner systemischen Erneuerbarkeit in Echtzeit auseinandersetzen.

Im Bildungsbereich entsteht somit unterschwellig ein komplexes Spannungsfeld mit vielen Querverbindungen zwischen der vernetzten Wissensgesellschaft, der Makro- und der Mikroökonomie. Dort befinden sich die Millionen KMU und ihre Wissensarbeiter*innen. Sie sind die letzten und die ersten Glieder der Wertschöpfungs- kette und könnten dort bald steckenbleiben.

Können die Menschen sich zu den wenigen „Producers of high value" hinüberretten (nach Manuel Castells), die das Kapital in der Realwirtschaft benötigt, um den Markt-Kreislauf in Schwung zu halten (Wagner 2011)? Den Rest der Arbeit übernehmen absehbar eh die Maschinen. Als Kollateraleffekt bricht dabei die gesellschaftliche Mittelschicht der Beschäftig- ten ohne genuin kreative Eigenschaften weiter weg. Und das führt über kurz oder lang zu dramatischen gesellschaftlichen Verwerfungen.

> "DIE DOXA VON DER WISSENSÖKONOMIE ALS PRINZIP HOFFNUNG AUF WACHSTUM UND JOBS IST EINE LÜGE. **MEHR BILDUNG IN FORM VON DIPLOMEN UND ZERTIFIKATEN SCHAFFT NICHT MILLIONEN QUALITÄTSJOBS.** JEDEM NEUEN MINT-JOB STEHEN DREI BILLIGJOBS IN SERVICE, HANDEL UND VERKEHR GEGENÜBER."
> (The Guardian, 18. Mai 2016)

Wandel auf dem Arbeitsmarkt, vierte industrielle Revolution, digitale Technologien, Mathematikschwäche, Fachkräftemangel im Handwerk und Industrie? Das Bildungssystem einer mächtigen Industrienation arbeitet weitgehend an den technologischen und ökonomischen Zeitläuften vorbei:
- Die Quantität der Studierenden war noch nie ein Qualitätsnachweis.
- Zeitdruck und Bürokratisierung täuschen Effizienz und Gründlichkeit der Ausbildung vor (Nisula 2015).
- Ein Jahrzehnt Bologna-Reformen als verplante Zeit, verpasste Gelegenheiten und der Anfang vom Bildung-Chaos (Schmitt 2016).

So stehen die europäischen Gesellschaften und ihre Bildungssysteme vor einer ganz neuen Herausforderung:

„Die Arbeitswelt in Deutschland ist auf eine vernetzte Produktion (Industrie 4.0) nicht vorbereitet. In knapp jedem zweiten Unternehmen fehlt es heute schon an Fachkräften, die mit IT-Wissen plus Fertigungs-Know-how die vierte industrielle Revolution gestalten könnten. Zudem plant nicht einmal jeder vierte Betrieb Aus- und Weiterbildungsprogramme zum Thema Industrie-4.0." (CSC 2015)

Obige Pressemitteilung ist parteiisch. Doch Fakt ist, dass der Arbeitsmarkt sich in Richtungen bewegt, die nicht auf dem Lehrplan der Bildungsträger stehen. Es ist Zeit für neue Jobmodelle und eine neue Organisation der Arbeits- gesellschaft.

- Auf der einen Seite werden digitalfähige Technikerinnen und Handwerker gesucht, deren Ausbildungsstrukturen lange Zeit vernachlässigt wurden.
- Auf der anderen Seite müssen Fähigkeiten aufgebaut werden, für die es noch keine Ausbildungsmuster oder kein Interesse gibt (Sadigh 2016).

Statt weiter nach Lehrplänen, Vorgaben und Vorlagen Wissen von gestern zu vermitteln, könnten die Bildungsträger Prototypen und Beta-Konzepte erarbeiten und Lösungen für eine interaktive Weiterbildung vorschlagen.

Auch wenn das Personal vor Ort vielleicht selbst nicht auf der Höhe der digitalen Revolution mitschwimmt: Wenn nicht sie, wer denn sonst?

Lokale Ansätze gibt es überall in Europa, doch noch keine überregionale Sichtbarkeit und Interoperabilität. Einige dieser Beispiele führen wir in späteren Kapiteln aus. Doch damit nicht genug.

- Abschlüsse werden von immer mehr Betrieben als unwichtige Papiere betrachtet (Bock 2016).
- Ausbildung ist nie mehr „aus". Weiterbildung und lebenslanges Lernen qualifizieren künftig besser als Abschlüsse. Dafür braucht es andere Voraussetzungen als gute Noten, Fleiss, Lernbulimie und Tunnelstrategien.
- Der Staat lagert „nicht systemrelevante" Bereiche wie die Berufs- und Weiterbildung an Privatanbieter aus, die in Konkurrenz zu den Fachhochschulen und Hochschulen treten. Mit ähnlichen Folgen wie im Gesundheits- und Sozialwesen.

Wie und ob es den Einzelnen noch strukturiert und ihn aufbaut, ist eines der Probleme der Freiheit und Machtlosigkeit und Teil der flüchtigen Zeit (Baumann 2014). Die Doxa von der vernetzten Wissensgesellschaft als Jobmaschine ist jedenfalls eine Lüge.

LITERATUR

Appel, Ralph. 2016. „Keine Industrie 4.0 ohne Bildung 4.0". Verein Deutscher Ingenieure e.V. Abgerufen Juni 20, 2017 (//www.vdi.de/technik/artikel/keine-industrie-40-ohne-bildung-40/).

Arendt, Hannah. 1998. „The Human Condition: Second Edition". Abgerufen Juni 20, 2017 (https://www.amazon.de/Human-Condition-Second-Hannah-Arendt/dp/0226025985/ref=sr_1_1?ie=UTF8&qid=1497982310&sr=8-1&keywords=hannah+arendt+The+Human+Condition).

Baumann, Zygmunt. 2013. Liquid Times: Living in an Age of Uncertainty. Abgerufen Juni 21, 2017 (https://www.amazon.de/Liquid-Times-Living-Age-Uncertainty-ebook/dp/B00CFHYKRU/ref=sr_1_1?ie=UTF8&qid=1498036044&sr=8-1&keywords=Liquid+Times.+Living+in+an+Age+of+Uncertainty).

Baumann, Zygmunt. 2014. „Understanding Society: Liquid modernity?" Abgerufen Juni 21, 2017 (http://understandingsociety.blogspot.de/2014/05/liquid-modernity.html).

Beicht, Ursula, und Günter Walden. 2013. „Duale Berufsausbildung ohne Abschluss – Ursachen und weiterer bildungsbiografischer Verlauf Analyse auf Basis der BIBB-Übergangsstudie 2011". Abgerufen Juni 20, 2017 (https://www.bibb.de/dokumente/pdf/a12_BIBBreport_2013_21.pdf).

Benjamin, Walter. 1936. „Das Kunstwerk im Zeitalter seiner technischen Reproduzierbarkeit". Abgerufen Juli 26, 2017 (http://www.arteclab.uni-bremen.de/~robben/KunstwerkBenjamin.pdf).

BMAS. 2016. „BMAS - Weißbuch Arbeiten 4.0". www.bmas.de. Abgerufen Juni 20, 2017 (http://www.bmas.de/DE/Service/Medien/Publikationen/a883-weissbuch.html).

BME. 2016. „Mittelstand braucht mehr Weiterbildung für Industrie 4.0". BME e.V. Abgerufen August 4, 2017 (http://www.bme.de/mittelstand-braucht-mehr-weiterbildung-fuer-industrie-40-1543/).

Brynjolfsson, Erik, und Andrew McAfee. 2012. Race Against the Machine: How the Digital Revolution is Accelerating Innovation, Driving Productivity, and Irreversibly Transforming Employment and the Economy. Abgerufen Juni 20, 2017 (https://www.amazon.de/Race-Against-Machine-Accelerating-

Productivity/dp/0984725113/ref=sr_1_1?ie=UTF8&qid=1497981562&sr=8-1&keywords=The+Race+against+the+Machine).

Castells, Manuel. 2017. Der Aufstieg der Netzwerkgesellschaft: Das Informationszeitalter. Wirtschaft. Gesellschaft. Kultur. Band 1. 2. Aufl. Wiesbaden: Springer VS.

CSC. 2015. „Studie: Industrie 4.0 in Deutschland scheitert am Faktor Mensch". presseportal.de. Abgerufen Juni 21, 2017 (http://www.presseportal.de/pm/32390/2962841).

Dämon, Kerstin. 2016. „Akademiker-Schwemme: ‚Wir haben keine Jobs für all die Akademiker'". Wirtschaftswoche. Abgerufen Juni 20, 2017 (http://www.wiwo.de/erfolg/jobsuche/akademiker-schwemme-wir-haben-keine-jobs-fuer-all-die-akademiker/13399740.html).

Deutsche Telekom. 2015. „Maschinen werden künftig Kollegen sein". Abgerufen Juni 20, 2017 (https://www.telekom.com/de/medien/medieninformationen/detail/maschinen-werden-kuenftig-kollegen-sein-349222).

finanzen.net. 2016. „Jobcenter schichten Geld für Arbeitslose in Verwaltung um - Zeitung". finanzen.net. Abgerufen Juni 20, 2017 (http://www.finanzen.net/nachricht/aktien/Jobcenter-schichten-Geld-fuer-Arbeitslose-i n-Verwaltung-um-Zeitung-4965721).

Florida, Richard. 2003. The Rise of the Creative Class: And How It's Transforming Work, Leisure, Community, and Everyday Life. Reprint. North Melbourne, Vic.: Basic Books.

Frase, Peter. 2016. Four Futures: Life After Capitalism. London: Verso.

Fraunhofer ISI, prognos. 2012. „The cultural and creative industries in the macroeconomic value added chain Impact chains, innovation, potentials". Abgerufen Juni 21, 2017 (http://www.isi.fraunhofer.de/isi-wAssets/docs/t/en/Engl_Kurzfassung-KKW-Wertschoepfungskette.pdf).

Frey, Carl Benedikt, und Michael Osborne. 2013. „The Future of Employment: How susceptible are jobs to computerisation? | Publications". Abgerufen Juni 21, 2017 (http://www.oxfordmartin.ox.ac.uk/publications/view/1314).

Frey, Thomas. 2013. „By 2030 over 50% of Colleges will Collapse". DaVinci Institute – Futurist Speaker. Abgerufen Juni 20, 2017 (http://www.futuristspeaker.com/business-trends/by-2030-over-50-ofcolleges-will-collapse/).

GEW. 2014. „‚Deutschland ist kein Berufsbildungsparadies!' - bildungsklick.de – macht Bildung zum Thema". Abgerufen Juni 20, 2017 (https://bildungsklick.de/aus-und-weiterbildung/meldung/deutschland-ist-kein-berufsbildungsparadies/).

Heublein, Ulrich, Johanna Richter, Robert Schmelzer, und Dieter Sommer. 2012. „Die Entwicklung der Schwundund Studienabbruchquoten an den deutschen Hochschulen Statistische Berechnungen auf der Basis des Absolventenjahrgangs 2010". Abgerufen Juni 20, 2017 (http://www.dzhw.eu/pdf/pub_fh/fh-201203.pdf).

IBM. 2012. „Big Data: The New Natural Resource". IBM Big Data & Analytics Hub. Abgerufen Juli 19, 2017 (http://www.ibmbigdatahub.com/infographic/big-data-new-natural-resource).

Kirchner, Stefan, und Jürgen Beyer. 2016. „Die Plattformlogik als digitale Marktordnung". Zeitschrift für Soziologie 324ff.

Kucklick, Thorsten. 2013. „Gründer mit BWL-Abschluss: Auf das Studium kann man verzichten - SPIEGEL ONLINE". Abgerufen Juni 20, 2017 (http://www.spiegel.de/karriere/gruender-mit-bwl-abschluss-auf-das-studium-kann-man-verzichten-a-907106.html).

Kühl, Stefan. 2017. „Der bürokratische Teufelskreis » Wissenschaft Forschung Lehre Hochschule Professor Universität Habilitation Bachelor Bologna-Reform Exzellenzinitiative » Forschung & Lehre". Abgerufen Juni 20, 2017 (http://www.forschung-und-lehre.de/wordpress/?p=23229).

Kuhn, Thomas. 1996. „Die Struktur wissenschaftlicher Revolutionen suhrkamp taschenbuch wissenschaft". Abgerufen Juni 20, 2017 (https://www.amazon.de/Struktur-wissenschaftlicher-Revolutionen-taschenbuch-wissenschaft/dp/3518276255/ref=sr_1_1?ie=UTF8&qid=1497981922&sr=8-1&keywords=thomas+kuhn).

Laborjournal. 2015. „Universitäten in der Bürokratie-Falle". Laborjournal. Abgerufen Juni 20, 2017 (http://www.laborjournal.de/editorials/903.lasso).

Laurençon, Angelica, und Anja C. Wagner. 2016. „#Belgut – das bedingungslose Lernguthaben | FLOWCAMPUS". Abgerufen Juni 20, 2017 (http://flowcampus.com/input/belgut-das-bedingungslose-lernguthaben/).

Lotter, Wolf. 2015. „Schichtwechsel - brand eins online". Abgerufen Juni 21, 2017 (https://www.brandeins.de/archiv/2015/maschinen/wolf-lotter-industrie-4-0-wissensgesellschaft-schichtwechsel/).

Mash Up Nantes #12. 2017. „Digital nomad, le bullshit job de demain ?" Nantes Digital Week. Abgerufen (http://www.nantesdigitalweek.com/evenement-2017/mash-up-nantes-digital-nomad/).

Monika Haas, Bayerischer Rundfunk. 2016. „Mythos BWL-Studium: Notlösung oder Traumstudium?" Abgerufen Juni 20, 2017 (http://www.br.de/fernsehen/ard-alpha/sendungen/campusmagazin/mythos-bwl-studium-100.html).

Nisula, Juuso. 2015. „Acht Gründe, nie wieder in Deutschland zu studieren | ZEIT Campus". Die Zeit, August 31 Abgerufen (http://www.zeit.de/studium/2015-08/studieren-in-deutschland-auslandssemester).

Pallotta, Dan. 2012. „You Don't Need a PhD to Innovate". Harvard Business Review. Abgerufen Juni 20, 2017 (https://hbr.org/2012/06/you-dont-need-a-phd-to-innovat).

Preuß, Roland. 2014. „Uni: Wie Wissenschaftler ausgebeutet werden - Bildung - Süddeutsche.de". Abgerufen Juni 20, 2017 (http://www.sueddeutsche.de/bildung/ausbeutung-von-wissenschaftlern-professor-in-spe-fuer-euro-die-stunde-1.2120831).

Raschke, Carl A. 2003. The Digital Revolution and the Coming of the Postmodern University. Routledge.

Sadigh, Parvin. 2016. „Pisa-Studie: Naturwissenschaften machen keinen Spaß". Die Zeit, Dezember 6 Abgerufen (http://www.zeit.de/gesellschaft/schule/2016-12/pisa-studie-2015-naturwissenschaften).

Schmitt, Uwe. 2016. „Universitäten: ‚Bologna ist ein Unfall mit Fahrerflucht'". WELT, Oktober 30 Abgerufen Juni 21, 2017 (https://www.welt.de/politik/deutschland/article159134504/Bologna-Reform-ist-ein-Unfall-mit-Fahrerflucht.html).

Schwab, Klaus. 2016. Die Vierte Industrielle Revolution. 4. Aufl. München: Pantheon Verlag.

Schwartz, Dan, und Candace Thille. 2015. „Future perfect: what will universities look like in 2030?" Times Higher Education (THE). Abgerufen Juni 20, 2017 (https://www.timeshighereducation.com/features/what-will-universities-look-like-in-2030-future-perfect).

Shepherd, Jessica. 2010. „Stop funding Mickey Mouse degrees, says top scientist". The Guardian, Februar 10 Abgerufen (https://www.theguardian.com/education/2010/feb/10/stop-funding-mickey-mouse-degrees).

Shewan, Dan. 2017. „Robots will destroy our jobs – and we're not ready for it". The Guardian, Januar 11 Abgerufen (https://www.theguardian.com/technology/2017/jan/11/robots-jobs-employees-artificial-intelligence).

Siems, Dorothea. 2016. „Bildungssystem: Die erschreckenden Defizite junger Deutscher - WELT". DIE WELT. Abgerufen Juni 20, 2017 (https://www.welt.de/politik/deutschland/article154187052/Die-erschreckenden-Bildungsdefizite-junger-Deutscher.html).

SPIEGEL ONLINE. 2016. „AOK-Studie: Studenten sind gestresster als Berufstätige". Abgerufen Juni 20, 2017 (http://www.spiegel.de/lebenundlernen/uni/aok-uni-stress-report-studenten-sind-gestresster-als-berufstaetige-a-1116064.html).

SPIEGEL ONLINE. 2017. „Student packt aus: ‚75 Prozent meiner Uni-Leistungen sind Betrug' - SPIEGEL ONLINE - Leben und Lernen". SPIEGEL ONLINE. Abgerufen Juni 20, 2017 (http://www.spiegel.de/lebenundlernen/uni/schummeln-an-der-uni-in-klausuren-und-hausarbeiten-ein-student-packt-aus-a-1129899.html).

SPIEGEL ONLINE. 2000. „Studieren: RAUS AUS DEM MASSENBETRIEB - SPIEGEL ONLINE - Leben und Lernen". SPIEGEL ONLINE. Abgerufen Juni 20, 2017 (http://www.spiegel.de/lebenundlernen/uni/studieren-raus-aus-dem-massenbetrieb-a-80939.html).

statista. 2017. „Öffentliche Bildungsausgaben in Deutschland bis 2016 | Statistik". Statista. Abgerufen Juni 20, 2017 (https://de.statista.com/statistik/daten/studie/2526/umfrage/entwicklung-der-oeffentlichen-bildungsausgaben/).

Unterberger, Andreas. 2013. „Woran das Bildungssystem wirklich krankt". ortner online. Abgerufen Juni 20, 2017 (http://www.ortneronline.at/?p=23024).

Venema, Charlotte. 2016. „Fachkräfte für die Industrie 4.0 - Für eine Neuorientierung im Bildungssystem". Abgerufen Juni 20, 2017 (https://issuu.com/hessenmetall/docs/brosch__re_fachkr__fte_f__r_die_ind).

Wagner. 2015. „7 Baustellen in der Bildung 4.0. Ein Statusbericht auch für KMU. | FLOWCAMPUS". Abgerufen April 8, 2017 (http://flowcampus.com/input/acw/7-baustellen-in-der-bildung-4-0/).

Wagner, Anja C. 2017a. AnjaTime #002: Burning Man & das Web 2.0.

Wagner, Anja C. 2017b. AnjaTime #006: Hacking & die Maker-Kultur.

Wagner, Anja C. 2011. „Kompetenzentwicklung in vernetzten Kontexten. Herausforderungen für die Bildungspolitik." Scribd. Abgerufen Juni 21, 2017 (https://www.scribd.com/document/59342236/Kompetenzentwicklung-in-vernetzten-Kontexten-Herausforderungen-fur-die-Bildungspolitik).

Wahlster, Wolfgang. 2015. „Industrie 4.0: Das Internet der Dinge kommt in die Fabriken". Abgerufen Juli 28, 2017 (https://www.dfki.de/wwdata/Zukunft_der_Industrie_IHK_Darmstadt_22_01_2015/Industrie_4_0_Das_Internet_der_Dinge_kommt_in_die_Fabriken_Copyright.pdf).

Wetherell, Sam. 2017. „Richard Florida Is Sorry". Abgerufen August 31, 2017 (http://jacobinmag.com/2017/08/new-urban-crisis-review-richard-florida).

Wiarda, Jan-Martin. 2009. „Duales Studium: Die Hürden der Bildungsbürokraten". Die Zeit, Oktober 8 Abgerufen Juli 18, 2017 (http://www.zeit.de/2009/42/C-Seitenhieb).

Angelica Laurençon & Anja C. Wagner

KAPITEL 2

BILDUNGS-BUSINESS

WISSEN MIT BEGRENZTER HALTBARKEIT

„Die Analphabeten des 21. Jahrhunderts sind nicht mehr jene, die weder lesen noch schreiben können, sondern Menschen, die unfähig sind, ständig zu lernen, zu verlernen und stets weiterzulernen." (Alvin Toffler)

99% des Stoffs, den wir für unsere Jobs heute wissen müssen, ist morgen bereits überholt. Daraus entsteht ein ganz anderer Bildungsanspruch und ein neuer Ansatz im formellen und informellen Lehren und Lernen.

1. PARADIGMENWECHSEL

Die technologische Reproduzierbarkeit des Wissens fordert das Entstehen einer Welt, die sich nur noch durch ständige Re-Kombinationen regeneriert. Das Bildungsbusiness wird für einige zum richtig großen Geschäft. Wieder andere machen sich auf den Weg, um jenseits der formalen Bildungswege zu lernen. Da die öffentlichen Institutionen kaum zu flexiblen Modellen fähig sind, schauen sie vom Spielfeldrand empört zu, wie neue Player auch der

EdTech-Industrie das Terrain für sich erobern.

Flexibel lernen, agil umlernen und vernetzt weiterlernen zu können, entscheidet über die Qualität des Lernumfelds im 21. Jahrhundert und damit über die Qualität der Arbeit und des kreativen Gemeinwohls. Die technologische Reproduzierbarkeit des Wissens macht Strukturen notwendig, die sich nicht mehr an der Kompetenz von gestern ausrichten, sondern das Wissen von morgen mit formatieren.

Wir brauchen
- Lernumgebungen, die dezentral und vielgestaltig von diversen Nutzergruppen kreativ besucht werden können;
- Lernmodule, die weder an Präsenzzwang noch an zeitliche Auflagen gebunden sind;
- Inhalte, die von den Lernenden erweitert und vernetzt werden können;
- Mitmenschen, die sich selbst als ständig Weiter-Lernende begreifen.

Das ist das Basisrezept einer zukunftsorientierten Bildung, die es in Ansätzen bereits gibt.

Die vernetzte Wissensgesellschaft, die sich parallel zum bestehenden System seit Jahren entwickelt hat, ist ein virtueller Planet mit unbegrenzten Möglichkeiten. Der sich immer stärker mit der physischen Welt verbindet, dabei aber mittelfristig nur von smarten Nutzer*innen profitiert.

Das Akronym SMART enthält neben den fünf positiven Attributen *Soft Power* (sanfte Macht), *Mashup* (Re-Kombination), *Adaptive* (anpassungsfähig), *Responsive* (anpassbar), *Transient* (vorübergehend) auch die Regeln und Wertvorstellungen des *American Way of Life*.

Der „Struggle for Life" wird zum Struggle for *Learning the right stuff*. Zumindest in der Übergangsphase, bis das Normalarbeitsverhältnis als solches kollabiert ist.

Wie sehr der kulturelle Kontext der digitalen Revolution auch die globale, vernetzte Wissensgesellschaft im 21. Jahrhundert und ihre Ideologie prägt, ist ein anderes Thema. Wir konzentrieren uns hier jetzt auf den Stand der Dinge "in der Bildung".

„Du kannst heute alles lernen, was zu zum Überleben brauchst." (Joe Schuman, bis 2008 Facharbeiter bei General Motors in Detroit, heute Urban Farmer in einem Vorort)

Für Joe Schumann arbeiten mittlerweile 8 Personen, die sich alle nötigen Informationen und das Wissen für ihre neuen Aufgaben im Netz und im vernetzten Austausch zusammengestellt haben (Urban-Gardening Berlin 2015). Auch für die arbeitslosen Facharbeiter und Akademiker in Italien ist die vernetzte Wissensgesellschaft ein Planet mit unbegrenzten Möglichkeiten, die *Sharing Economy* weiterzuentwickeln und diese in den physischen Ort ihres *Open Makers Italy* zu übertragen (Associazione Open Makers Italy 2017).

B(U)ILDUNG 4.0:
DU BRAUCHST NUR EINES ZU WISSEN: **DU KANNST ALLES LERNEN!**
P.S. DU WIRST NOCH VIELES LERNEN DÜRFEN ....

So wie ihnen geht es vielen. Menschen schaffen oder suchen sich gemeinsame Räume, statten sie mit geeigneten Maschinen aus und legen los. Von diesen Räumen gibt es zwischenzeitlich viele, sehr viele.

TechShop, eine Makerspace-Kette in den USA, bietet 7.000 Menschen gut ausgestattete Maschinen-Parks in verschiedenen Städten an. Dort können sie gegen eine monatliche Gebühr ihren kreativen Träumen nachgehen und eigene Unternehmen rund um ihre Maker-Produkte aufbauen. In Paris gibt es jetzt die erste europäische Dependance. Weitere sollen folgen - wir berichteten in unserem Leuchtfeuer 4.0 MOOC (Wagner, Sucker, Oberländer 2017).[4]

Die technologische Reproduzierbarkeit des Wissens beschleunigt so das Entstehen einer Welt, die sich nur noch durch ein ständiges *Mashup*, eine Re-Kombination quer zu den bestehenden Strukturen, regenerieren kann. Da die bisherigen institutionellen Bildungsträger dazu technologisch und strukturell nicht großflächig in der Lage sind, wird das Bildungs-Business zum nächsten

---

[4] Ergänzung Dez. 2017: Leider musste TechShop vor einigen Wochen Insolvenz anmelden. Man versucht jetzt zu retten, was zu retten ist. Ein schwieriges Business derzeit ...

großen Ding (Symonds 2014).

> **"NUR JEDES SECHSTE KMU BIETET SPEZIFISCHE AUS- UND WEITERBILDUNGSPROGRAMME ZUR INDUSTRIE 4.0 AN."**
> "DIE BELEGSCHAFTEN MÜSSEN MIT WISSEN VERSORGT WERDEN - DAS EREIGNISBASIERT AUF DEN INDIVIDUELLEN BEDARF EINGEHT."
> (BMW, 22.04.2016)

Das Bildungs-Business ist die Organisation der Weiterbildung nach den (neoliberalen) Marktgesetzen. Es profitiert dabei von den gleichen Wettbewerbsvorteilen wie einst die Kreativökonomie zu Beginn der digitalen Revolution vor etwa vier Jahr- zehnten: Ein offenes und weites Feld ohne Hindernisse und Widersacher. Weil die einen noch schlafen und die anderen lieber erst abwarten, können sie inzwischen ihre Claims abstecken. Die einzigen, die innovative Alternativen aufbauen, sind zivilgesellschaft- liche Akteure mit dem Ziel einer nachhaltigen Ökonomie.

WIE KONNTE ES SOWEIT KOMMEN?

Der Staat gab und gibt immer weniger für Weiterbildung aus (Käpplinger 2017). Seine etablierten Vertreter*innen beteuerten zwar fortwährend ihr Engagement und die gesellschaftliche Verantwortung, doch überließen sie lange Zeit das Feld der freien Marktwirtschaft und ihren Anbietern. Das etablierte Bildungssystem ist zu verschachtelt, verkrustet, hat viele Ebenen und Hinterzimmer. Und viele Stakeholder, die mehr oder weniger gut davon leben. Und sich nicht zeitgemäß selbst weiterbilden. Sie haben den Wandel schlichtweg verschlafen. Verstehen ihn leider bis heute zumeist nicht.

Außerdem fiel Weiterbildung lange Zeit nicht in die gesellschaftlichen Aufgaben des Staates. Darum finanzierte er lieber externe Dienstleister, anstatt den Umbruch proaktiv zu begleiten und zu unterstützen. Doch mit dem Weißbuch zum Arbeiten 4.0 scheint sich eine Wende anzudeuten. Es ist politisch erkannt worden, dass das Bildungssystem als solches komplett auf den Prüfstand muss. Und entsprechend viel Geld in die Hand genommen werden muss.

Die kürzeren Anlauf- sowie Haltbarkeitszeiten des kreativ und innovativ verwertbaren Wissens, die steigende Nachfrage der KMU und die Erwerbstätigen, die am permanenten Weiterbildungs-Tropf hängen, sind eine Herausforderung für alle Bildungsanbieter. Einen Wettbewerbsvorteil verschafft es nur denen, die die digitalen Technologien und sozialen Eigendynamiken verstehen, sie selbst kunstvoll vorantreiben und dem hybriden, wachsenden Wissensbedarf anpassen können, weil sie auch schon den Anschluss an *Big Data* und KI gefunden haben.

Ein Beispiel dafür ist LinkedIn, das soziale Netzwerk für die Businesswelt. Dank seiner mehr als 500 Millionen Mitglieder weltweit (2017) und seiner langjährigen Erfahrung hat es direkten Zugang zu den sozialen Daten von Fach- und Führungskräften aller Branchen. Außerdem kann LinkedIn über Slideshare aktive Wissensträger*innen identifizieren und hat über den MOOC-Anbieter Coursera und die Video-Lernplattform Lynda.com Zugriff auf die *Hidden Talents* jenseits der traditionellen Bildungsfabriken. Mit dem Aufkauf durch Microsoft besteht jetzt auch noch die Vernetzung mit Millionen Business-Partnern. Damit ist eine umfassende Grundlage für richtige *Big-Data*-Analyse mit künstlicher Intelligenz dahinter gelegt.

Überall, wo mit Weiterbildung Geld zu verdienen ist, sind die Seilschaften und Netzwerke schon einsatzbereit. Und das bedeutet in der globalen Netzwerkgesellschaft, dass die unternehmerischen Kooperationen gleichermaßen international sind. Ob sie auch langfristig innovative Lösungen bedarfsgerecht und maßgeschneidert mit einem klaren *return on effort* (ROE) für die Lernenden in ihrem Arbeitsumfeld bereitstellen können, ist offen. Das Feld ist bestellt, die Begehrlichkeiten ambitioniert und die Konkurrenz hart. Genügend Wagniskapital wartet auf seinen Einsatz. Das Bildungsbusiness ist ein richtig großes Geschäft. Und die öffentlichen Institutionen schauen verschreckt zu.

Gerade deshalb sind neue Bewertungskriterien mit einer klaren Kosten-Nutzen-Analyse für die „Lernenden" wichtig. Bislang brauchte es noch keine effektiven und effizienten Kosten-Nutzen-Analysen von Bildungsangeboten. Es gab ja nur wachsweiche pädagogische Methoden und Multiple-Choice-Tests. Heute muss sich jede und jeder selbst seine Bewertungsraster erstellen: Wie stellt man sich selbst am besten und schnellsten auf den aktuellen Marktbedarf ein? Niemand weiß es – man hat es schlichtweg nie gelernt.

Die kommenden technologischen und ökonomischen Veränderungsschübe machen somit aus der einstigen Randerscheinung Weiterbildung und Umschulung (10%) ein zentrales gesellschaftliches und ökonomisches Problem (50%) mit hohem Einsatz.

Die Zukunft der Arbeit wird derzeit von einem Wissen ohne Zukunft dominiert und zwingt somit alle Bildungswerte neu zu definieren, wenn man es ernst meint mit der Zukunft.

2. ROUND-UP

Die vernetzte Wissensgesellschaft bleibt für viele abstrakt und ist für einige schon sehr konkret, sobald ihr Wissen bereits von Maschinen reproduziert und ihre Kompetenz so auf dem Arbeitsmarkt immer wertloser wird.

Automatisierung, künstliche Intelligenz, technologische Umbrüche wie z.B. beim größten Arbeitgeber Deutschlands, der Automobilindustrie, stellen nach und nach tausende Beschäftigte frei (Bubeck 2017). Die gesamte Zulieferkette muss sich in den nächsten Jahren komplett neu orientieren, denn *e-mobile* braucht nur noch einen Bruchteil der üblichen Komponenten. Auch Banken, Versicherungen, Dienstleister und Siemens streichen die Stellen der Wissensarbeiter*innen im mittleren Management und der Verwaltung. Die *Gig Economy* zieht klammheimlich durch die Hintertür in den Großunternehmen ein: temporäre Mitarbeiter oder Projektmanagerinnen, überall, wo viel kreative Energie gefordert wird oder die Unternehmen nur noch auf Zeit einstellen (McKinsey & Company 2013).

Arbeiten nach Prozessen und Richtlinien kann die Software von IBM, Google und ihre Epigonen besser, billiger, schneller. Sie „buggen" manchmal und müssen ständig gewartet werden, verlangen aber weder Auszeit noch Elternurlaub, kennen keinen Burnout und arbeiten 24/7. Sie brauchen Updates, doch keine Weiterbildung, denn sie bilden sich selbst mit anderen *Cyberbots* vernetzt weiter. Das schaffen die meisten Wissensarbeiter*innen noch nicht.

Alles, was automatisierbar ist, wird auch automatisiert werden.
- Der Bankschalter von morgen ist online. Algorithmen geben bessere Anlage-Tipps als Kundenberater*innen der Sparkasse und zocken auch weniger als deren Topmanagment.
- Professor*innen und Dozierende, deren Tätigkeiten zu 80% aus der Reproduktion ihres (alten) Wissens und Verwaltungskram bestehen, sind in der aktuellen Ausübung ihrer Kompetenz komplett ersetzbar.

- Auch die Bürokraten in den Bildungseinrichtungen und anderen Verwaltungen sind nur noch finanzierbar, weil niemand eine effektive Kosten-Nutzen-Analyse im Vergleich zu Software-Lösungen macht. Rentabel waren sie eh noch nie und das humanitäre Chaos bei der LAGESO in Berlin wäre mit intelligenten *Cyberbots* wahrscheinlich nicht passiert.
- Rechtsanwälte werden in den großen Kanzleien und Konzernen zunehmend durch Software ersetzt, die die zeitaufwändigen Recherchen und juristischen Vorarbeiten erledigt. Eine Software, die in einer Stunde alle Präzedenzfälle, Urteile und Revisionen auf drei verschiedenen Ebenen (EU-Recht, deutsches Recht, US-Recht) auswertet, wird bei CETA zu einem Wettbewerbsvorteil.
- Den Journalist*innen und Redakteur*innen schrumpfen schon länger die Stellen weg, denn Nachrichten-Bots verfassen die Pressemeldungen, die dann von allen Agenturen weitergeleitet und oft nur reproduziert werden. Seit 2001 verschwanden weltweit etwa 60% aller Zeitungen und Zeitschriften. Der Rest konzentriert sich in den Händen weniger Medien-Tycoons, die immer im Verbund mit den Finanzmärkten arbeiten.

Die neuen technologischen Reproduktionskanäle von Informationen und Wissen und die schreibenden Bots zwingen Journalistinnen, Redakteure, Lektorinnen schon lange extrem kreativ und resilient zu sein und sich selber ihre neuen Jobs zu schaffen. „*Need a job? Invent it*", rät Thomas Friedman allen Arbeitenden im 21. Jahrhundert (Friedman 2013). Die Industrie schafft keine neuen Jobs mehr und der Staat stellt nur in hoch sensiblen Bereichen ein.

Der schleichende Wandel in ihrer Arbeitswelt fällt in der Masse dem Gros der Erwerbstätigen im Normalarbeitsverhältnis noch nicht auf. Erst wenn zigtausende Menschen gleichzeitig und am gleichen Ort ihre Arbeit verlieren, wie z.B. in der Metall- und Automobilindustrie, gibt es kurzfristig Schlagzeilen. Wissensarbeiter*innen gehen aber nicht auf die Straße und die Wissensgesellschaft ist auch eine Wegseh-Gesellschaft, mit wenig Solidarität und Klassenbewusstsein.

Doch alle *white collar workers* des 21. Jahrhunderts gehen nach und nach den gleichen Weg wie vor ihnen im 19./20. Jahrhundert Millionen Handwerker und Fabrikarbeiterinnen.

"66% **ALLER WISSENSARBEITER*INNEN** HABEN IN IHREM KOMPETENZPROFIL UND WISSEN **NICHT DAS KREATIVE POTENZIAL**, UM DEN NEUEN PRODUKTIVITÄTSANSPRÜCHEN ZU GENÜGEN.

B(U)ILDUNG 4.0

SIE GLEITEN NACH UND NACH IN DAS GERING BEZAHLTE SERVICE-SEGMENT ÜBER, WOE SIE MEHRERE JOBS GLEICHZEITIG MACHEN UND FÜR WEITERBILDUNG KEINE ZEIT MEHR BLEIBT"
(Richard Florida, 12/2013)

Der Arbeitsplatz in der Fabrik war nicht für alle ein sozialer Aufstieg. Die schöpferische Zerstörung der Arbeitsplätze wurde bis 1945 auch von der kriegerischen Zerstörung und demographischen Seitenausgängen begleitet. Massive Auswanderungswellen ab 1848, soziale Konflikte, ein Dutzend lokaler Kriege quer durch Europa in der zweiten Hälfte des 19. Jahrhunderts sowie zwei Weltkriege im 20. Jahrhundert glichen die negativen Stellenbilanzen der industriellen Revolutionen in kurzen Abständen aus (Universal-Lexikon 2012). Solange die Industrieländer die Ausfahrt nach Übersee hatten, konnten sie auch ihren sozialen Ausschuss outsourcen.

Der Wiederaufbau Europas nach zwei Weltkriegen und großen materiellen und menschlichen Zerstörungen bescherte der Alten und Neuen Welt ein einmaliges Job- und Wirtschaftswunder. *„Der Markt wird es schon richten"* und die zyklische Neuordnung durch Zerstörung wurden zur ökonomischen Faustregel.

Die Theorie der schöpferischen Zerstörung mit mehr Arbeit, sozialer Sicherheit, Wohlstand und Fortschritt lässt aber im 21. Jahrhundert die alten und neuen geopolitischen und ökologischen Umstände beiseite. Von dieser Dynamik profitiert B(u)ildung 4.0.

- Europa kann nicht mehr Millionen Arbeitsuchende auf andere Kontinente verteilen.
- Nur Zyniker und Megalo- manen wünschen sich heute noch bewaffnete Konflikte in Europa. Seine Waffenindustrie lebt inzwischen von den Konflikten an der Peripherie.
- Bewaffnete Konflikte an der Peripherie motivieren Millionen Menschen Sicherheit und Überlebens- chancen in Europa zu suchen.
- Die schöpferischen Zer- störungsschübe kommen in immer kürzeren Abständen. Ihr Treibstoff ist die beschleunigte Transformation des reproduzierbaren Wissens zu Mehrwert.

Aus dieser Dynamik entsteht B(u)ildung 4.0. So hoffnungslos ist die Lage also nicht.

Die Wissensarbeiter der globalen Netzwerkgesellschaft können zwar nicht mehr massiv in die Neue Welt oder in andere Länder auswandern, wie es die Handwerker und Arbeiterinnen der vorigen industriellen Revolutionen taten. Aber sie haben trotzdem einen kleinen Vorteil. Sie wissen zumindest rechtzeitig, was auf sie zukommt und können sich durch vernetztes Lernen im und mit dem Netz vorbereiten. Fatal wäre es für sie, wenn sie auf den Impuls von außen warten.

Die Wissenschaftler aus Oxford (Frey und Osborne 2013) und dem MIT (Brynjolfsson und McAfee 2012) gingen 2013 von 47% aller Jobs in den USA aus, die von den drei Disruptoren (Automatisierung, künstliche Intelligenz, digitalisierte Technologien) ersetzt werden. Es ist nicht das Ende der Arbeit, doch die gut bezahlten, sicheren Festanstellungen mit Karriereaussichten bei einer Versicherung, Bank, Großunternehmen sind passé. Weltweit werden wohl Milliarden Menschen die Zukunft ihrer Arbeit selbst erfinden und zu Selbst-Entrepreneurs werden müssen. Hochgerechnet wären das hierzulande 18 Millionen Menschen.

Gleichgültig, ob man den Job selbst erfinden muss oder doch noch irgendwo anheuern kann: Welche Kompetenzprofile künftig jenseits des steigenden Bedarfs an gering bezahlten Pflege-, Sicherheits- und Servicediensten und den klassischen MINT-Fachkräften am Markt gebraucht werden, kann niemand vorhersagen, zumal bislang Bildungs-Prognosen immer daneben gingen. So bleibt den Erwerbstätigen der Zukunft nur noch die ständige Auseinandersetzung mit einer andauernden Weiterbildung und Umschulung *on demand*. Die lernfähige Produktion überlebt. Das gleiche gilt auch für die Menschen (Ciupek 2016).

Die Prognosen des *Club of Rome* setzten 2010 weltweit auf 100 Millionen Qualitätsjobs, vorausgesetzt, dass lokal alle Potenziale der Wissensgesellschaft (Vernetzungen, lokale Kompetenzcluster, Wissenscluster, Interoperabilität) für die systemisch kaskadierende Geschäftsmodelle wie die *Blue Economy* (Pauli 2016) genutzt werden. Umgesetzt wurde davon bislang wenig - zu wenig nachhaltig ist unser aktuelles Wirtschaftsmodell angelegt.

Auch Jeremy Rifkin sieht in den aktuellen und künftigen Technologie-Schüben neue ökonomische Kräfte und nicht mehr das Ende der Arbeit, wie 1995 vorausgesagt (Rifkin 2014). Gemeinsam mit den Prognosen des Weltwirtschaftsforums 2016 (World Economic Forum 2016) enthalten alle drei die gleiche Botschaft: Die guten Jobs der Zukunft entstehen ständig neu, doch nur durch vernetztes und geteiltes Wissen, an dem alle permanent mitarbeiten müssen.

3. DIGITAL RAPIDS: DIE NEUE LERN- UND ARBEITSORGANISATION

Earner & Learner organisieren und finanzieren ihr berufsbegleitendes Lernen selbst (Carnevale u.a. 2015). Auf wachsenden Wohlstand mit zunehmendem Alter, der immer mit einer wachsenden Rendite des erworbenen Wissens verbunden war, werden sie wohl verzichten dürfen. Ihre Freiräume und Freizeiten regeln sie dagegen selbst und nicht mehr der

Tarifvertrag.

Die Wechselbeziehung von Arbeiten und Lernen tritt damit in eine neue Phase. Die digitalen Stromschnellen beschleunigen den Paradigmenwechsel in der Arbeitswelt und in der Bildung (Newman und Scurry 2015).

Der gerade entstehende Arbeits- und Lern- und Lebenszeitraum hat nichts mehr mit dem europäischen Sozialmodell des 20. Jahrhunderts zu tun (Witte 2004). Die Gesetze der Finanzmärkte und die digitale Revolution beschleunigten seinen lautlosen Abgang. Die Politiker und Sozialpartner unternahmen nichts, um es zu bewahren (La Tribune, Paris 2012).

Die neuen Normen der Arbeitswelt (Flexibilität, Mobilität, Agilität in Zeit & Raum und ständig mutierende Kompetenz) verändern auch die Regeln der Bildung. Nicht die Raster der Allgemeinbildung, aber die Raster von Aus- und Weiterbildung.

DIE TRENNUNG VON AUS- UND WEITERBILDUNG IST HEUTE EBENSO ÜBERHOLT WIE DIE TRENNUNG VON ARBEITS- UND AUSBILDUNGSZEIT.
B(U)ILDUNG 4.0 IST DER STETIGE AUSBAU DES INDIVIDUELLEN WISSENS- UND KOMPETENZNETZWERKES.

In Industriegesellschaften sind Bildungs- einrichtungen immer ausbildend, auch wenn sie immer weniger wissen, wozu und wofür. Das fällt in der Grundausbildung nicht auf, wird aber zu einem ethischen und volkswirtschaftlichen Problem, sobald sie für Berufe ausbilden, die es nicht mehr gibt, die im Wandel oder automatisierbar sind (Watson 2016). Das VUCA-Prinzip (flüchtig, ungewiss, komplex, ambivalent) bestimmt die Arbeitswelt: Neue Kompetenzraster entstehen aus den neuen Technologien und Wissen.

Dadurch muss nicht nur die Bildung vor der Arbeit, sondern auch die Weiterbildung im Job neu konfiguriert werden. Die chronischen Umschüler*innen und Weiterlernenden der Wissensgesellschaft arbeiten und lernen gleichzeitig und überall. Selbstorganisation, Resilienz, Wachsamkeit und Neugier zahlen wieder wie einst bei den Pionieren und Entdeckern auf die Grundkompetenz ein. Ohne sie ist „Earning & Learning" ein ständiges Zuspätkommen.

Doch für die KMU, ihre Beschäftigten und ihre Zuarbeiter*innen ist diese neue Lern- und Arbeitsorganisation alternativlos. Als letztes und erstes Glied der Wertschöpfungskette stehen sie an der Peripherie und gleichzeitig an der Front. Der Kreativitäts- und Innovationszwang trifft sie dort massiver als die Großunternehmen (KMU-HSG 2016). Siemens, Bosch, VW oder Rheinmetall können sich zeitnah auf dem Weltmarkt die nötigen Human- und immateriellen Ressourcen, Ideen, Patente und Köpfe zukaufen. Wie die 3,6 Millionen KMU, ihre etwa 17 Millionen Festangestellten und die etwa 5 Millionen Freiberuflerinnen und Freiberufler[5] (2016) das finanziell und organisatorisch durchhalten, wird sehr bald zu einem volkswirtschaftlichen Problem.

Ein konkretes Beispiel?
Erika L. arbeitet in einem Klinikum als wissenschaftliche Assistentin und weiß, dass Roboter schon überall einsatzbereit sind. Sie will die Informationen der Personalabteilung nicht abwarten und entscheidet sich für eine Weiterbildung als *Data Scientist* (Holtz 2014). Die hierzulande angebotenen Ausbildungen sind teuer und zeitaufwändig. Kostengünstige Angebote von US-Universitäten oder -Unternehmen als MOOC sind erschwinglicher, werden aber als Weiterbildungsmaßnahme nicht ernst genommen, weil ihnen das gängige Zertifizierung-Prozedere fehlt. Letzteres ist immer an lokale Parameter gebunden.

B(u)ildung 4.0 ist aber heute lokal und global verankert. Die Menschen suchen sich die Angebote passgenau zusammen, wo auch immer sie derer habhaft werden. So entstehen Parallelsysteme:
Die bestehenden Finanzierungsmodelle der Weiterbildung (Bildungsgutschein usw.) sind veraltet und insgesamt kontraproduktiv und für die Jobs der Zukunft gibt es weder Fördermittel noch Belastungsausgleiche. Für die von der Automatisierung betroffenen Jobs gibt es außer dem Abstieg in die Billigjobs der Dienstleistungsbranche keine proaktiven, zukunftsorientierten Recherchen in den etablierten Bildungsinstitutionen.
Doch wenn die Bildungsträger einerseits und der Staat andererseits in der Wahrnehmung ihrer Bildungshoheit der gemeinsamen Mission nicht mehr nachkommen können, weil ihnen alles viel zu schnell geht und zu komplex wird, bleibt den Millionen KMU und Menschen im digitalen Umbruch nur noch die lokale und digital vernetzte Bildung über alternative Lösungen, parallel zu den (noch) bestehenden Bildungs- und Ausbildungsstrukturen.
Hier könnten sie gemeinsam den Bedarf und die Bedarfsdeckung von Wissen und Kompetenz organisieren, das überregionale Angebot und die lokale Nachfrage regulieren, Prototypen mit direkter Nutzererfahrung erstellen und transparente Strukturen schaffen - sofern sie es schaffen, sich

[5] Freiberuflerstatistiken erfassen immer nur die traditionellen Freiberufe vom Arzt, Apotheker, Architekten, Rechtsanwalt und Wirtschaftsprüfer. Alle anderen Bereiche (Dozenten, IT und Web-Professionelle, die ganze Kommunikationsbranche) bleiben im Schatten.

diese vernetzte Selbstlern-Kompetenz anzueignen. Ressourcen, um sich diese anzueignen, stehen im Netz bereit. Mit dem bekannten Lehrgangs-, Schulungs- oder Workshop-Prozedere hat das aber nicht mehr viel zu tun. Hier ist viel Kreativität und Agilität gefordert. Und Engagement.

Der Vorteil für die Beteiligten, die sich über diesen Weg weiterbilden: In allen Bereichen braucht man Fachkräfte, die ihre fachliche Expertise, ihr digitales Know-How und eine zeitgemäße Kompetenz einbringen - und ständig weiterlernen wollen. Von dieser Sorte gibt es hierzulande noch wenige und die wenigen werden meist von den Headhuntern der Konzerne in die weltweiten Innovation-Hubs gebracht. Darum müssen KMU diese Leistungsträger künftig selbst umwerben, um diese Wenigen auch für sich gewinnen zu können. Die Risiken einer zeit- und kostenaufwändigen Aus- und Weiterbildung tragen sie dabei allein.

Das systemische Versagen der lokalen Bildungsträger und der beschleunigte Informations- und Wissensverkehr machen deshalb überall die lokal tätigen KMU und die etwa 600 Millionen Wissensarbeiter*innen zum weltweit größten Marktsegment für das *Education Business*, weil die institutionellen Bildungssysteme nicht nachkommen und somit die Menschen und Unternehmen weiter zu unfreiwilligen *Big Data* Providern machen.

4. PARALLELWELTEN: OPTIONEN FÜR DIE NEUORIENTIERUNG

Die Wissensarbeiter*innen des 21. Jahrhundert haben ein akutes Bildungsproblem. Sie müssen zeitnah mit Informationen und Wissen arbeiten, das sich ständig verändert, dabei ihr eigenes Wissen immer neu ordnen. Plötzlich verlagern sich die Bildungsschwerpunkte nach hinten.

Während die Handwerker von den technologischen Revolutionen massenweise verdrängt wurden, die Kompetenz der Fach- und Fabrikarbeiter*innen von produktiveren Maschinen ersetzt wird, können diejenigen, die mit Wissensarbeit ihr Geld verdienen, ihren Job immer wieder neu erfinden. Theoretisch zumindest. Diese neue Kreativität ergibt sich aus den digitalen Technologien und ihrer Dynamik.

Dabei wechseln sie aber von der Angestelltenwelt in das Prekariat der Künstlerinnen, Garagentüftler, Erforschenden - und sind plötzlich allein auf weiter Strecke. „*Du brauchst einen Job? Erfinde ihn!*" hört sich gut an, ist aber nichts für Ängstliche, sondern eher eine Freibeuter-Strategie - und Realismus (Reddy 2016).

Nehmen wir ein anderes Beispiel:
Bankkauffrau Erika Mustermann steht auf der blauen Liste der Deutschen Bank, die zügig tausende Stellen im mittleren Management und Kundendienst abbauen wird (FOCUS 2016) und hat die Wahl: Auf den blauen Brief aus der

Personalabteilung und die Abfindungen zu warten und dann den Weg zum Jobcenter und als Arbeitslose eine Umschulung bzw. Fortbildung mit oder ohne Bildungsgutschein zu beantragen. Solche Umschulungen oder Fortbildungen werden nach dem Prinzip der Beschäftigungsmöglichkeiten vergeben und die sind in Gesundheitswesen, Erziehung und diversen Dienstleistungsbranchen. Da wurden in den letzten Jahren Millionen Billigjobs geschaffen. Daran wird sich in Zukunft auch nichts ändern (Spicer 2016).

Sie bleibt so auf der sicheren Seite, ist weiter sozialversichert und die Kosten der Weiterbildung werden von der Bundesarbeitsagentur übernommen. Ihre Jobchancen sind mittelfristig gut, auch wenn sie weniger verdienen wird und sie wahrscheinlich künftig Jobs über eine Online-Agentur bekommt.

Die andere Lösung ist, sich so schnell wie möglich zur Finanzexpertin für Kryptowährungen (Frey 2017) weiterzubilden, weil sie gut informiert ist, die Entwicklung auf den regionalen und internationalen Finanzierungsmodellen aufmerksam verfolgt und weiß, dass nur die frühen Vögel die besten Erfolgschancen haben.

„Financial Literacy ist das Verständnis einer entstehenden digitalisierten Finanzwirtschaft." (Greenspan 2001)

Bitcoin und Blockchain, Ethereum sind einige der vielen neuen Währungs- und Wertesysteme, die die Finanzwelt und alle Unternehmensbereiche neu ordnen könnten. Dafür braucht es Mitmacher*innen an der Basis, die disruptiv denken können.

Die Risiken sind jedoch vielfältig. Unterstützung vom Staat für noch nicht bestehende Jobs gibt es nicht. Weiterbildung, Umschulung und Bildungsgutscheine werden für klar definierte Jobprofile mit absehbaren Beschäftigungsmöglichkeiten vergeben. Seriöse Weiterbildungsangebote von Privatanbietern gibt es für die Jobs der Zukunft nicht.[6] Welcher Privatanbieter würde heute das finanzielle Risiko eingehen, Bildungsangebote für Jobs, die es noch nicht gibt, auszuarbeiten? Dafür ist alles zu komplex und flüchtig, die Kosten sind unüberschaubar.

Das gilt für alle neuen Berufe der Zukunft, die zeitgleich mit den technologischen und wissenschaftlichen Möglichkeiten entstehen (Van Gosen u. a. 2014). Das Wissen und die Kompetenz dafür müssen sich die Pioniere zusammenbauen und ausprobieren. Praktizieren sie auch schon seit Jahren, sofern sie die nötige Netzkompetenz mitbringen. Die Lösungen sind dabei individuell und die Jobs der Zukunft entstehende Mikro-Unternehmen mit Quervernetzungen.

---

[6] 2016/17 geschrieben

NEED A JOB? - *DU BRAUCHST EINEN JOB?* INVENT IT! - *ERFINDE IHN!*

(Thomas Friedman)

Die Finanzexpertin für Kryptowährungen *in spe* organisiert ihre Weiterbildung oder Umschulung in unserem Fallbeispiel also selbst, und zwar in fünf Schritten:

1. Sie liest sich im Web ein.
2. Sie baut Kontakte zu anderen „virtual currency experts" auf, die nicht nur im DA-CH-Raum, sondern weltweit verstreut arbeiten.
3. Sie schließt sich einer Expert*innen-Gruppe auf LinkedIn an, um schneller an relevante Informationen und Erfahrungen heranzukommen.
4. Sie veröffentlicht Beiträge und Publikationen und streut diese in relevante Kanäle über die sozialen Netzwerke.
5. Sie baut sich in Eigenregie ihr künftiges Expertinnen-Profil auf, mehrsprachig, gut vernetzt und suchmaschinenoptimiert.

Sobald ihre persönliche Website als digitale Visitenkarte mit konkreten Angeboten, Publikationen, Newsfeed und Blog steht, kann sie sich in professionellen Netzwerken (LinkedIn, XING) als Expertin weiter profilieren.

Ihre konkreten Jobchancen hängen dann (nur noch) von der Entwicklung der Technologien und der Märkte ab. Wenn sie quervernetzt denkt, entwickelt sie aus ihrer persönlichen Lernerfahrung einen professionellen Prototyp, den sie auf einer der vielen Lernplattformen als Lernangebot ausschreiben kann. So kann sie sich nicht nur als Finanzexpertin für alternative Finanzierungsmodelle, sondern auch als Dozentin vermarkten.

Das ist Weiterbildung 4.0 live und in Farbe. So entsteht ein Parallelsystem jenseits der bürokratischen Bildungsgutscheine und Umschulungen vom Jobcenter, deren Kosten-Nutzen-Verhältnis schon immer fragwürdig war (finanzen.net 2016).

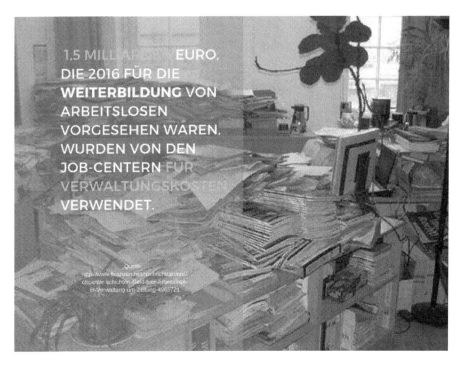

5. MISMATCH

Die technologische Reproduzierbarkeit von Informationen und Wissen hat in knapp einem Jahrzehnt die Gutenberg-Galaxie verändert und weltweit die Medienwirtschaft neu konfiguriert. Das gleiche Phänomen vollzieht sich jetzt im Bildungssektor, denn da wird informell und formell Wissen im Massenbetrieb an Millionen Menschen über verschiedene Wege, Angebote und Kanäle vermittelt, abgerufen und (re)produziert. Viele Unternehmen und Agenturen riechen hier das nächste große Geschäft. Niemand lässt es sich heute mehr nehmen, nicht auch als Bildungsplayer am Markt zu erscheinen (Wagner 2017).

Dabei ist der eigentliche EdTech-Markt rund um die StartUps nur ein erstes Indiz.

Viel interessanter für viele Unternehmen ist das Beratungsgeschäft, da hier in Zeiten von Arbeit 4.0 sehr viel in Bewegung kommt.

Hier profitieren die digitale Bildungsindustrie und ihre Satelliten vor allem von der digitalen Enthaltsamkeit der alten Bildungssysteme, die dieses Neuland nur unter dem Druck der Umstände betreten - und erst recht nicht über transformative Wege zur Unterstützung lebenslang lernender Menschen nachdenken. Sie müssten sich dann selbst größtenteils abschaffen. Da sind die Denkhürden noch hoch.

Das Beispiel der Bankfrau E. Mustermann zeigt somit das Entstehen einer Parallelwelt, in der von einer Minderheit kreativ denkender Wissensarbeiter*innen meist individuell und informell neue Lösungen eines Problems entwickelt werden, die aber bestenfalls in einer individuellen Schublade bleiben, weil auch auf dem Arbeitsmarkt des 21. Jahrhunderts jedeR für sich allein auf- und abtritt.

Für die Mehrheit ist der Job nur ein Mittel zum Geldverdienen (BMAS 2016). Auf die Lust auf Kreativität, innovatives Arbeiten oder gar lebenslanges Weiterlernen wurden sie nicht vorbereitet. Und dennoch: Etwa die Hälfte von ihnen wird sich intensiv damit auseinandersetzen müssen. Sie alle geraten nach und nach in die Systemfallen langsamer und starrer Bildungsmodelle, die seit vier Jahrzehnten den generellen Umbruch nicht begleiten und einer technologischen Revolution, die für Nachzügler*innen und Spätlinge weder Zeit noch Geld hat - oder in die Netze des industriellen Bildungs-Businesses. Die Wissensfabriken des 19. und 20. Jahrhunderts passen von daher nicht mehr ins digitale Zeitalter und sind als System kontraproduktiv.

Aber was können Menschen tun, die die Welt von morgen mitgestalten wollen? Besteht für sie keine Hoffnung? Doch - für Menschen mit Netzkompetenz entstehen gerade durch das Netz vielfältige, neue Formen der Teilhabe.

B(u)ildung 4.0 ist lokal und global.

In der zivilgesellschaftlichen Bildungs-Crowd öffnen sich auch in DACH-Raum unbegrenzte Möglichkeiten, selbst wenn die kritische Masse im Vergleich zu englischsprachigen Anbietern klein bleibt. Gerade deshalb ist die interaktive und interprofessionelle Kollaboration so wichtig. Sie kompensiert die notwendigen Skaleneffekte. Und ermöglicht so indirekt eine Anbindung auch an den englischsprachigen Diskurs.

6. OPEN IN 3D: LÖSUNGEN FÜR KMU

Openness ist Teil des neuen Betriebssystems, ebenso wie „liquid statt starr" (Deutsche Telekom 2015) die Devise der neuen Arbeitsorganisation ist. B(u)ildung 4.0 muss demnach offen und liquid sein. Alles andere wäre nur die Reproduktion der alten Raster.

Weiterbildung ist ein offener Prozess. Sie braucht Formen, die den offenen Wissensaustausch zwischen den Bildungssystemen und ihren Nutzer*innen transparent und zugänglich macht und sich somit jeder Veränderung zeitnah anpassen kann. Dafür braucht es einer systematischen Reflexion der Veränderungen: Was tut sich wo und warum? Und wie können wir diese Entwicklungen einordnen?

Hier braucht es geeignete Orte für den Austausch.

Die meisten KMU können sich keine Corporate University leisten. Sie sind im kleinen Rahmen auch nicht zu empfehlen.

Eine Lösung wären eventuell Kooperationen mit den lokalen Fachhochschulen und Universitäten, die offene, zeitgerechte und technologisch effiziente Strukturen bereitstellen.

Offene Gebilde mit *Innovation Hubs* und einem niedrigschwelligen *Open-Innnovation*-Ökosystem sowie *Coworking Spaces* als Werkstatt oder Büroräume, wo Azubis, Weiterlernende und temporäre Mitarbeiter*innen rund um die Uhr vernetzt lernen und arbeiten und alle technologischen Mittel (Hardware und Software) benutzen können (Deutsch 2013).

Diese Orte müssen allerdings nicht zwangsläufig an Hochschulen gebunden sein. Sie können auch graswurzelmäßig in Form offener Werkstätten oder Makerspaces entstehen, vielfältig vernetzt und angebunden an verschiedene Player (Schmidt u. a. 2016).

Bildungsgenossenschaften wären eine andere Lösung: Auf gemeinnützigen und lokal vernetzten Plattformen könnten

- lokale und überregionale KMU die Weiterbildung ihrer Mitarbeiter*innen und die Ausbildung ihrer künftigen Fachkräfte gemeinsam und kostensparend organisieren;
- die maroden Berufsschulen, die lokalen Fachhochschulen und überregionalen Hochschulen ihre Human- und Wissensressourcen bereitstellen und teilen;
- projektbezogene oder proaktive Weiterbildung (Beispiel E. Mustermann oben) als Prototyp eingestellt werden;
- die Weiterbildung, Mentoring, Coaching, die Realisierung von Prototypen (Makers), Aufbereitung von Wissensinhalten selbstorganisiert entwickelt werden. So könnte sich jede und jeder eigene Genossenschaftsanteile durch aktive Beteiligung verdienen. Es gibt solche Ansätze schon stellenweise und nichts steht ihrer flächendeckenden Verbreitung entgegen (Weselmann 2015).

Bildungsgenossenschaften wären die unbürokratische, schnelle und kostengünstige Lösung eines akuten Problems, bei der sich alle Beteiligten aktiv einbringen müssten. Als offene Strukturen könnten sie so das leidige Kooperationsverbot im institutionellen Wissensaustausch bei den Berufsschulen umgehen (Brink 2016).

Die dritte Lösung sind regionale Kompetenz-Cluster für die lebenslange Weiterbildung aller Erwerbstätigen mit einem niedrigschwelligen Open Innovation Ökosystem, damit KMU ihre Mitarbeiter*innen nicht nur gemeinsam ausbilden, sondern auch weiterbilden können und andere ihre Erfahrungen weiter verwerten und kollaborativ erweitern (Die Presse 2009).

Größere Unternehmen sollten es dabei den Konzernen nachmachen und ein eigenes Ökosystem für Weiterbildung und lebenslanges Lernen schaffen. Jenseits des institutionellen Hochschulverkehrs sind *Corporate Universities* in ihrer globalen Vernetzung agil und flexibel (Seufert 2016).

Warum sollten KMU in ihrer Vernetzung selbst aktiv werden?

Die Hochschulen und Fachschulen stehen hierzulande zwar noch nicht vor dem Kollaps, doch zeigen sie bereits erste Symptome einer schleichenden Dekadenz.
- Vervielfältigung der Studiengänge, die das Organ und seine Funktion erhalten sollen (SPIEGEL 2015),
- bürokratische Verkrebsung (BildungsSpiegel 2015),
- Inhalte voller Altlasten (BWL, VWL, Informatik) (SPIEGEL 2015).

In der Folge führt dies zu folgenden Kollateralschäden:
- Universitäten vermitteln zwar kulturell kostbares Nischenwissen, dessen Vernetzbarkeit jedoch nicht gefördert wird. Selbst als kulturelles Allgemeingut (in den Geisteswissenschaften) ist der Endpreis zu hoch und die Zweckmäßigkeit frivol. Opern, Theater und Museen hätten schon längst ganz andere Probleme wie Privatisierung und Schließung, wenn sie nicht frühzeitig auf kreative Lösungen gesetzt hätten (Oper Mailand, Louvre Dubai, Museen, die immer mehr auf Event-Management setzen).
- Die Arbeitgeber erkennen Abschlüsse immer weniger als Qualitätssiegel an (Dierig u. a. 2013). Google prescht voran, nach alternativen Merkmalen zu forschen (Bock 2016) - und viele StartUps folgen dieser Marschrichtung (Fried und Heinemeeier Hansson 2010).
- Damit verlieren die Zertifikate ihren positionalen Stellenwert und ihren Marktwert. Weiterbildung wird somit in der vernetzten Wissensgesellschaft zeitlich und inhaltlich immer wichtiger als die Ausbildungs- und Studienzeit.
- Doch für eine offene Weiterbildung 4.0 fehlen derzeit praxisnahe Prototypen. Offene Kooperationen im Bildungsbereich bleiben weiterhin unter den gegebenen Rahmenbedingungen problematisch. KMU müssen derweil für sich selbst sorgen.

7. PROTOTYPING

Das ständige Gespräch mit alten und neuen Ideen ist Prototyping. Die Kreativindustrie erfand dafür das "Design Thinking" (Goldman und Kabayadondo 2016). Es geht über die Produkt- und Lösungsentwicklung

Prototyping:

Eine Schlüsselkompetenz für Innovation und Lebenslanges Lernen

hinaus.

Für die ständig neu definierbare Interaktion von Wissen, Bildung und Kompetenz ist kontinuierliches Prototyping die ideale Methode für die *Liquid Modernity*, also dem Zeitalter nach der Postmoderne nach Zygmunt Baumann, in der Wandel die einzige Beständigkeit ist und Ungewissheit die einzige Gewissheit (Palese 2013).

Bildungsmanagement im Prototyping zu entwickeln ist somit die smarte Variante zum funktionalen Bildungs-Business, denn das prototypische Verfahren bindet die neuen Voraussetzungen für eine zeitgemässe Kompetenz im 21. Jahrhundert in den primären Lehr- und Lernprozess gleich mit ein. Nichts ist in der vernetzten Wissensgesellschaft einfacher als Prototyping. Es ist für moderne Wissensarbeiter*innen noch einfacher als für Leonardo da Vinci, der um 1510 den Prototyp des Fahrrades entwarf. Doch es brauchte 300 Jahre für dessen Umsetzung (Patalong 2016).

Nicht so im schnelllebigen 21. Jahrhundert. Die Prototypen der vierten industriellen Revolution müssen kurzfristig entwickelt, getestet, verbessert und als Lösung oder Produkt bereitgestellt werden. Sie entstehen zwar wie zu Zeiten von Leonardo da Vinci aus Beobachtungen, technologischen Möglichkeiten und einer zeitgemässen Kompetenz, doch unterliegen sie dem Gesetz der kurzen, schnellen Zyklen. Prototyping statt Programme und

Leonardo da Vinci, 1511.

"Prototyping is the conversation you have with your ideas."

Tom Wujec

"Imagine, Design, Create: How Design, Architects, and Engineers are Transforming our World, and a little bit of body text."

2011

Pläne. Das gilt auch für die Bildung, wenn sie eine aus- und weiterbildende Aufgabe haben will.

Wenn die staatlichen Bildungsangebote aber diesem Tempo nicht zeitnah folgen, müssen die Menschen und die Unternehmen selber Lösungen erfinden bzw. einfach die Möglichkeiten nutzen, die Dank des Webs (2.0) ihnen zur Verfügung gestellt wurden.

So können sie sich z.b. als Mitarbeiter*innen an einer oder mehreren der vier kollektiven Sofort-Lösungen für KMU beteiligen: Offene Universitäten, Kompetenzcluster, Corporate University, Bildungsgenossenschaft - was aber mittel- und langfristige Unternehmensstrategien voraussetzt.

Dabei werden die Überlebenschancen von KMU immer kürzer. Ein Viertel der alten KMU sind im Nachfolge-Dilemma verfangen und die Startup-Szene arbeitet nach dem Prinzip der Kurzfristigkeit und der prekären Arbeitsverhältnisse. Anstatt viel Zeit und Geld in Prototyping zu investieren, folgen viele KMU wie die Konzerne den Empfehlungen der Unternehmensberater*innen: Temporäre Mitarbeitende. Die bilden sich selbst weiter, um sich am Arbeitsmarkt „erfolgreich" zu positionieren. Und sie stellen weniger Ansprüche.

Die Weiterbildung bleibt somit bislang am letzten Glied der Kette hängen: den Wissensarbeiter*innen bzw. den potenziellen Erwerbs- tätigen, die im täglichen Über- lebenskampf auf sich alleine gestellt sind.

Mittelfristig schadet dieses Vorgehen zwar dem Branding und der Netzwerkdynamik der Unternehmen und der Gesellschaft, denn im globalen "War for talents" wachsen kompetente Fachkräfte viel zu langsam nach. Nicht alle KMU arbeiten im Billiglohnsektor der Dienstleistungsbranche und nicht alle können sich auf dem Weltmarkt die besten Köpfe kurzfristig beschaffen.

KMU, deren Erfolg auf Innovationskraft und Kreativität basiert, brauchen insofern eine integrierte Weiterbildungsstrategie. Nicht um den Mitarbeiter*innen Lesen, Schreiben und sonstige digitale Kompetenz beizubringen, sondern um sie im globalen und lokalen Wissensfluss zu vernetzen, so dass sie beständig mitwachsen können.

Bildungsmanagement im Prototyping zu entwickeln ist also die smarte Variante zum funktionalen 08/15-Bildungs-Business. Es bedeutet nämlich, die zentralen Voraussetzungen für eine zeitgemässe Kompetenz in den primären, vernetzten Lernprozess mit einzubinden. Dieses moderne Kompetenzraster mit einem Wissensaustausch im sozial vernetzten *Personal Learning Environment* zu entwickeln und immer weiterzuentwickeln, ist Prototyping live.

Nur, wie baut man dieses vernetzte Kompetenzraster auf?

Für das funktionale Bildungs-Business ist Prototyping kein Geschäftsmodel. Es setzt auf Fertiggerichte, zusammengekocht aus E-Learning, Blended Learning, Maschinenlernen und den guten alten Seminaren, Workshops, Kursmodulen, Curricula, Methoden usw. usf. - gut verdaulich und skalierbar darreichbar. Das wird aber mittelfristig nicht reichen, in der Innovationsspirale erfolgreich mitzudrehen.

Ob *Speed Prototyping*, *Live Prototyping* oder Pilotprojekte im Prototyping: Für Kleinunternehmen und ihre Mitarbeiter*innen ist Weiterbildung 4.0 nicht nur eine Kostenfrage, sondern sie sollte Teil einer nachhaltigen Kompetenz-Strategie sein. Wer aktiv an diesen drei *Modi Operandi* des Prototyping 4.0 teilgenommen hat, kann es auch im Arbeitsalltag einsetzen. Das wäre auch eine Lösung für dieses Problem:

„*Jedes dritte Unternehmen (36%) gibt an, die eigenen Mitarbeiter nicht intensiver rund um digitale Kompetenzen weiterzubilden, weil die Weiterbildungsangebote zu teuer sind.*" (Dirks 2016)

Prototyping ist bedarfsorientiert und hat auch mittelfristig einen immateriellen Wert. Es fördert die Kreativität und Innovationskraft der Mitarbeiter*innen. Und irgendwann beherrschen sie es genauso gut wie die künstliche Intelligenz …

LITERATUR

Associazione Open Makers Italy. o. J. „Open Makers Italy - Home". Abgerufen Juni 22, 2017 (http://www.openmakersitaly.org/).

BildungsSpiegel. 2015. „MINT Nachwuchsbarometer 2015: Berufliche Ausbildung kämpft mit Imageproblemen". Abgerufen Juli 18, 2017 (http://www.bildungsspiegel.de/news/wissenschaft-forschung-und-lehre-projekte/12%2007-umfrage-buerokratie-an-den-universitaeten-schadet-der-lehre).

BMAS. 2016. „Ergebnis | 7 Wertewelten | Arbeiten 4.0". Abgerufen Juni 23, 2017 (https://www.arbeitenviernull.de/mitmachen/wertewelten/ergebnis.html).

Bock, Laszlo. 2016. „Work Rules!: Wie Google die Art und Weise, wie wir leben und arbeiten". Abgerufen Juni 20, 2017 (https://www.amazon.de/Work-Rules-Google-arbeiten-ver%C3%A4ndert/dp/3800650932/ref=sr_1_1?s=books&ie=UTF8&qid=1497970844&sr=1-1&keywords=laszlo+bock).

Brink, Nana. 2016. „Föderalismusreform in der Bildung - ‚Ein falscher

Schritt"'. Deutschlandfunk Kultur. Abgerufen (http://www.deutschlandfunkkultur.de/foederalismusreform-in-der-bildung-ein-falscher-schritt.1008.de.html?dram:article_id=364644).

Brynjolfsson, Erik, und Andrew McAfee. 2012. Race Against the Machine: How the Digital Revolution is Accelerating Innovation, Driving Productivity, and Irreversibly Transforming Employment and the Economy. Lexington, Mass: Digital Frontier Press.

Bubeck, Stefan. 2017. „Elektroautos könnten über 100.000 Arbeitsplätze vernichten". GIGA. Abgerufen Juni 22, 2017 (http://www.giga.de/extra/mobility/news/elektroautos-koennten-ueber-100.000-arbeitsplaetze-vernichten/).

Carnevale, Anthony P., Nicole Smith, Michelle Melton, und Eric W. Price. 2015. „Learning While Earning: The New Normal". Abgerufen Juni 22, 2017 (https://cew.georgetown.edu/wp-content/uploads/Working-Learners-Report.pdf).

Ciupek, Martin. 2016. „Die lernfähige Produktion überlebt". vdi-nachrichten.com. Abgerufen Juni 22, 2017 (http://www.vdi-nachrichten.com/Gesellschaft/Die-lernfaehige-Produktion-ueberlebt).

Deutsch, Christophe. 2013. „The Seeking Solutions Approach: Solving Challenging Business Problems with Local Open Innovation". Technology Innovation Management Review (March 2013: Local Open Innovation):6–13.

Deutsche Telekom. 2015. „Maschinen werden künftig Kollegen sein". Abgerufen (https://www.telekom.com/de/medien/medieninformationen/detail/maschinen-werden-kuenftig-kollegen-sein-349222).

Die Presse. 2009. „Vernetzte Weiterbildung: Wien–Bratislava und zurück". Die Presse. Abgerufen (http://diepresse.com/home/diverse/bildung/imfokus/523123/Vernetzte-Weiterbildung_WienBratislava-und-zurueck).

Dierig, C., N. Doll, G. Hegmann, K. Merkel, und B. Nicolai. 2013. „Bewerber-Auswahl: Für Arbeitgeber sind Schulnoten inzwischen egal". WELT N24, August 31 Abgerufen Juli 18, 2017 (https://www.welt.de/wirtschaft/karriere/article119565507/Fuer-Arbeitgeber-sind-Schulnoten-inzwischen-egal.html).

Dirks, Thorsten. 2016. „Digitalisierung schafft neue Jobs für Fachkräfte". Abgerufen (https://www.bitkom.org/Presse/Presseinformation/Digitalisierung-schafft-neue-Jobs-fuer-Fachkraefte.html).

finanzen.net. 2016. „Jobcenter schichten Geld für Arbeitslose in Verwaltung um - Zeitung". finanzen.net. Abgerufen Juni 23, 2017 (http://www.finanzen.net/nachricht/aktien/Jobcenter-schichten-Geld-fuer-Arbeitslose-in-Verwaltung-um-Zeitung-4965721).

FOCUS, Money. 2016. „Deutsche Bank: Diese Bundesländer treffen die Fillialschließungen besonders hart - FOCUS Online". Juli 17 Abgerufen Juni 23, 2017 (http://www.focus.de/finanzen/news/mitarbeiter-zittern-filialschliessungen-der-deutschen-bank-diese-zwei-bundeslaender-trifft-es-besonders-hart_id_5736667.html).

Frey, Carl Benedikt, und Michael Osborne. 2013. „The Future of Employment: How susceptible are jobs to computerisation? | Publications". Oxford Martin School. Abgerufen Juni 22, 2017 (http://www.oxfordmartin.ox.ac.uk/publications/view/1314).

Frey, Thomas. 2017. „Bitcoin and the surprising "disturbance in the force" that will upend our financial systems". DaVinci Institute – Futurist Speaker. Abgerufen Juni 23, 2017 (http://www.futuristspeaker.com/business-trends/bitcoin-and-the-surprising-disturbance-in-the-force-that-will-upend-our-financial-systems/).

Fried, Jason, und David Heinemeeier Hansson. 2010. „Rework". Abgerufen Juli 18, 2017 (https://www.amazon.de/Rework-Jason-Fried/dp/0307463745).

Friedman, Thomas L. 2013. „Need a Job? Invent It - The New York Times". Abgerufen Juni 22, 2017 (http://www.nytimes.com/2013/03/31/opinion/sunday/friedman-need-a-job-invent-it.html).

Goldman, Shelley, und Zaza Kabayadondo, hrsg. 2016. Taking Design Thinking to School: How the Technology of Design Can Transform Teachers, Learners, and Classrooms. 1 edition. New York: Routledge.

Greenspan, Alan. 2001. „FRB: Speech, Greenspan – Financial education and literacy – October 26, 2001". Abgerufen Juli 20, 2017 (https://www.federalreserve.gov/boarddocs/speeches/2001/20011026/).

Holtz, Dave. 2014. „8 Skills You Need to Be a Data Scientist". Udacity. Abgerufen Juni 22, 2017 (http://blog.udacity.com/2014/11/data-science-job-skills.html).

Käpplinger, Bernd. 2017. „Schöne Fassade mit schwachen Fundamenten: Für mehr Balance in der Förderung lebenslangen Lernens". S. 46–51 in WeiterLernen, Werkheft Arbeiten 4.0. Bundesministerium für Arbeit und Soziales (BMAS).

KMU-HSG, St. Gallen. 2016. „Klein- und Mittelunternehmen (KMU) in Forschung, Lehre und Praxis". Abgerufen Juni 22, 2017 (https://www.alexandria.unisg.ch/248014/1/kmu-hsg_jahresbericht_2006.pdf).

La Tribune (Paris). 2012. „Euro: Draghi trägt Europas Sozialmodell zu Grabe". VoxEurop.eu, Februar 27 Abgerufen Juni 22, 2017 (http://www.voxeurop.eu/de/content/article/1555691-draghi-traegt-europas-sozialmodell-zu-grabe).

McKinsey & Company. 2013. „Building the creative economy: An interview with Richard Florida". Abgerufen Juni 22, 2017 (http://www.mckinsey.com/global-themes/urbanization/building-the-creative-economy-an-interview-with-richard-florida).

Minor, Liliane. 2016. „Ein Kurs allein ist noch keine Weiterbildung". Der Bund, Oktober 27 Abgerufen (//www.derbund.ch/zuerich/region/ein-kurs-alleinist-noch-keine-weiterbildung/story/10487115).

Newman, Frank, und Jamie E. Scurry. 2015. „Higher Education and the Digital Rapids". International Higher Education 0(26). Abgerufen Juni 22, 2017 (https://ejournals.bc.edu/ojs/index.php/ihe/article/view/6968).

Palese, Emma. 2013. „Zygmunt Bauman. Individual and society in the liquid modernity". SpringerPlus 2(1):191.

Patalong, Frank. 2016. „200 Jahre Fahrrad: Die erfolgreichste Notlösung aller Zeiten". Spiegel Online, November 10 Abgerufen Juli 20, 2017 (http://www.spiegel.de/einestages/200-jahre-fahrrad-karl-drais-und-seine-erfindung-fuer-milliarden-a-1120282.html).

Pauli, Gunter. 2016. „The Blue Economy Book". The Blue Economy. Abgerufen Juni 22, 2017 (http://www.theblueeconomy.org/the-book.html).

Reddy, BVR Mohan. 2016. „Students need to be job creators, not job seekers". Economic Times Blog. Abgerufen Juni 23, 2017 (http://blogs.economictimes.indiatimes.com/et-commentary/students-need-to-be-job-creators-not-job-seekers/).

Rifkin, Jeremy. 2014. Die Null-Grenzkosten-Gesellschaft: Das Internet der

Dinge, kollaboratives Gemeingut und der Rückzug des Kapitalismus. 1. Aufl. Campus Verlag.

Schmidt, Suntje, Oliver Ibert, Andreas Kuebart, und Juliane Kühn. 2016. „Open Creative Labs in Deutschland – Typologisierung, Verbreitung und Entwicklungsbedingungen". Leibniz-Institut für Raumbezogene Sozialforschung. Abgerufen (https://leibniz-irs.de/aktuelles/meldungen/2016/11/open-creative-labs-in-deutschland-typologisierung-verbreitung-und-entwicklungsbedingungen/).

Seufert, Sabine. 2016. „Corporate Universities – Auslauf- oder Zukunftsmodell?" scil-blog. Abgerufen (https://www.scil-blog.ch/blog/2016/02/25/corporate-universities-auslauf-oder-zukunftsmodell/).

Spicer, Andre. 2016. „The knowledge economy is a myth. We don't need more universities to feed it". The Guardian, Mai 18 Abgerufen (https://www.theguardian.com/commentisfree/2016/may/18/knowledge-economy-myth-more-universities-degree).

SPIEGEL, ONLINE. 2015a. „Studiengänge: Hochschulen erfinden immer mehr Master-Abschlüsse". Februar 2 Abgerufen Juli 18, 2017 (http://www.spiegel.de/forum/lebenundlernen/studiengaenge-hochschulen-erfinden-immer-mehr-master-abschluesse-thread-231624-1.html).

SPIEGEL, ONLINE. 2015b. „Studienplätze: Mehr Masterstudiengänge als Bachelorstudiengänge". SPIEGEL ONLINE, Februar 2 Abgerufen Juli 18, 2017 (http://www.spiegel.de/lebenundlernen/uni/studienplaetze-mehr-masterstudiengaenge-als-bachelorstudiengaenge-a-1016261.html).

Symonds, Matt. 2014. „The Next Big Thing In Business Education". Forbes. Abgerufen Juni 22, 2017 (http://www.forbes.com/sites/mattsymonds/2014/12/16/the-next-big-thing-in-business-education/).

Universal-Lexikon. 2012. „Arbeiterbewegung in Deutschland im 19. Jahrhundert". Abgerufen Juni 22, 2017 (http://universal_lexikon.deacademic.com/207324/Arbeiterbewegung_in_Deutsch%20land_im_19._Jahrhundert).

Urban-Gardening Berlin. 2015. „Urban Farming in Detroit: Gemüse statt Autos - Die Arte Reportage". Urban-Gardening Berlin. Abgerufen Juni 22, 2017 (http://www.urban-gardening.berlin/urban-farming-detroit-gemuese-statt-autos-die-arte-reportage/).

Van Gosen, Bradley S., Philip L. Verplanck, Keith R. Long, Joseph Gambogi, und Robert R. Seal II. 2014. The rare-earth elements: Vital to modern technologies and lifestyles. Reston, VA: U.S. Geological Survey Abgerufen (http://pubs.er.usgs.gov/publication/fs20143078).

Wagner, Anja C. 2017. „Der Schrei nach Digitaler Bildung (4.0)". LinkedIn Pulse. Abgerufen (https://www.linkedin.com/pulse/der-schrei-nach-digitaler-bildung-40-anja-c-wagner).

Wagner, Anja C., Joachim Sucker, und Nina Oberländer. 2017. „Leuchtfeuer 4.0 MOOC". Abgerufen Juni 22, 2017 (https://mooin.oncampus.de/local/ildcourseinfo/index.php?id=oncampus-MOOC-2017-003090).

watson. 2016. „Diese 10 Berufe gibt es in 10 Jahren wohl nicht mehr". watson.ch. Abgerufen Juni 22, 2017 (http://www.watson.ch/!299470995).

Weselmann, Mathis. 2015. „Offene Hochschule | Bildungsgenossenschaft Südniedersachsen eG (BIGS)". Abgerufen (http://www.bildungsgenossenschaft.de/tag/offene-hochschule/).

Witte, Lothar. 2004. „Europäisches Sozialmodell und Sozialer Zusammenhalt: Welche Rolle spielt die EU?" Europäische Politik (FES). Abgerufen Juni 22, 2017 (http://library.fes.de/pdf-files/id/02602.pdf).

World Economic Forum. 2016. „The Future of Jobs Employment, Skills and Workforce Strategy for the Fourth Industrial Revolution". Abgerufen Juni 22, 2017 (http://www3.weforum.org/docs/WEF_Future_of_Jobs.pdf).

Angelica Laurençon & Anja C. Wagner

KAPITEL 3

DIE TECHNOLOGISCHE REPRODUZIERBARKET DES WISSENS

„Das Internet und die digitalen Technologien wurden zum philosophischen Engineering. Die Physik und das weltweite Netz befassen sich beide mit Verbindungsmöglichkeiten zwischen dem Großen und Kleinen. Physiker analysieren Systeme. Web-Wissenschaftler schaffen neue Systeme in immer kürzeren Abständen. Blogs, Wiki, MSP, CPS, jede Woche gibt's neue Formen der Information und Kommunikation und wir sind erst am Anfang." (Berners-Lee 2006)

1. ALGORITHMEN ALS PRODUKTIONSFAKTOR

„Es ist wie bei jedem Gedicht: Es geht um mehr als nur die Worte. Es geht um den zeitlichen Kontext, um die Position und Ansichten des Autors oder der Autorin und um die Frage, welchen Fußabdruck der Text in unserer Gesellschaft hinterlassen hat." (Geuter 2015)

Die technologische Reproduzierbarkeit des Wissens begann mit

Gutenberg. Doch die digitalen Technologien reproduzieren Wissen in neuen, bisher unbekannten Dimensionen, weil sie neue Galaxien und neue Sprachen geschaffen haben, die global verstanden werden.

Die Gutenberg-Galaxie, die Marshall McLuhan 1962 beschrieb, war damals ebenso visionär wie seine Vorstellung vom „globalen Dorf" (McLuhan 2011). Doch McLuhan war kein Utopist, sondern dachte einfach die Zeitläufte weiter. Damals, im Jahr 1962, wurde der erste DRAM (Dynamic Random Access Memory) der Öffentlichkeit vorgestellt. Die Hardware der digitalen Revolution war auf dem Weg und die Software begleitete sie Schritt für Schritt.

ALGORITHMEN ARBEITEN FÜR UNS:
"DIE ENTWICKLUNG DER ALGORITHMEN IST EIGENTLICH NICHTS NEUES. SIE BEFINDEN SICH IM INNERSTEN WESEN UNSERER LITERATUR UND SPRACHE UND VERBILDLICHEN EINFACH, WIE IM GEHIRN IDEEN ENTSTEHEN UND SICH VERNETZEN. DABEI ENTWICKELN SIE SOGAR KLAR NACHVOLLZIEHBARE PFADE UND GEBEN DEM GANZEN EINEN ZUSAMMENHANG."
(Joshua Cohen, 2015)

Algorithmen bauen die Brücke von der Hardware zur Software und ermöglichen die Interoperabilität zwischen den verschiedenen Systemen. Die Mathematik schuf wieder einmal die Voraussetzungen wie im 18. Jahrhundert, dem Zeitalter der Mathematiker, als Leonard Euler neue Perspektiven für die Wissenschaft entwickelte und Gauss viele technologische Möglichkeiten der Zukunft vorausdachte. Ohne sie und viele andere Mathematiker*innen hätte es die Technologien der zweiten industriellen Revolution nicht gegeben.

Dass Algorithmen den Webverkehr nicht nur linear, sondern auch exponentiell beschleunigen und steigern, daran ändert auch ihre Verwendung für Werbe- und Überwachungsstrategien nichts.

„Algorithmen sind nicht doof, weil sie uns beim Surfen immer daran erinnern, wo wir schon einmal waren." (Lobe 2016)

Ohne die Mathematik wäre das nicht möglich gewesen. Die Mathematik ist in ihrem Wesen grenzübergreifend. Ihre Sprache ist universell und bietet den nachfolgenden Generationen eine gemeinsame Grundlage und offene Anknüpfungspunkte. Darum ist sie auch die Grundsprache der digitalen Technologien.

Angesichts der Explosion der Rechner-Technologien hätten weltweit die Bildungssysteme gut daran getan, schnell das Interesse der Lernenden auf die neuen Möglich- keiten zu lenken. Algorithmen lesen ist ein Kinderspiel. Die IT-Geeks und Entwickler*innen waren keine bahnbrechenden Mathematiker*innen. Sie experimentierten lediglich mit den vorhandenen Möglichkeiten, knüpften an den Euklidischen Algorithmus an, entdeckten schnell die Verbindungen zu den neuen Technologien: den Halbleitern, Mikroprozessoren, dem Internet.

Aus dem unkomplizierten und spielerischen Umgang mit der Mathematik entstanden in kurzen Abständen disruptive Anwendungen, kreative Geschäftsmodelle, techno- logische Innovationen. Zuerst entwickelten die Geeks Computer- spiele und Suchmaschinen, später Plattformen wie Facebook, Uber und Airbnb und das WEB 2.0 mit den entsprechenden Geschäftsmodellen. Sie machten die Hardware (3D-Drucker) zur Software der vierten industriellen Revolution. Algorithmendenken wurde zum Rückgrat des berühmten „Think Different" von Steve Jobs.

WIE LIEST MAN EIGENTLICH ALGORITHMEN?
"WER DIE GRUNDSPRACHE DER DIGITALEN TECHNOLOGIEN NOCH NICHT EINMAL LESEN KANN, BLEIBT AN DER OBERFLÄCHE HÄNGEN - AN DER BENUTZEROBERFLÄCHE."
(Wired)

In Zeiten der technologischen Reproduzierbarkeit des Wissens erleichtert das Verständnis der Algorithmen also ganzheitliches Denken, schnelle Verknüpfungen (im Kopf) von Daten zu aktivem Wissen. Dabei reicht es schon, sie grundlegend lesen zu können, denn das ist Teil der *Digital Literacy*. Es geht darum, die Welt in vernetzten Strukturen denken zu lernen – mit allen gesellschaftlichen Implikationen. Theoretisch kann das jede und jeder ansatzweise lernen. Vorausgesetzt man ist kein Mathematik-Muffel, wie leider viele deutsche (Ex-)Schüler*innen (DPA 2016), und fähig wie willens, neue Sprachen zu lernen.

„Wie ein Computer geht man die DNA des Algorithmus Schritt für Schritt durch und vollzieht seine Arbeitsweise nach." (Geuter 2015)

Allerdings stößt diese Empfehlung spätestens beim *Machine Learning* und *Deep Learning* an ihre Grenzen. Hier können selbst Computer-Nerds und -Profis die tiefen Rechen-Operationen und algorithmischen Funktionen nicht mehr nachvollziehen. Was zum einen Elon Musk dazu brachte, vor den unvorhersehbaren Folgen der KI zu warnen (Holland 2017) und zum anderen dazu führt, dass nunmehr ehemalige (If this than that)-Programmierer*innen mühsam umschulen müssen zu ins Ungewisse hinein denkenden Gestalter*innen von offenen Frameworks (Levy 2016).

Programmieren als Schulfach könnte somit genau das Gegenteil dessen bewirken, was im 21. Jahrhundert erforderlich ist. So ruft auch das Silicon Valley verstärkt nach Studierenden der *Liberal Arts*, da diese transformativer denken könnten als linear denkende Digitalist*innen (Anders 2015).

2. COMPUTATIONAL THINKING: KULTURTECHNIK FÜR DAS 21. JAHRHUNDERT?

„Die Sprache ist die Denkweise. Die digitalen Technologien haben Sprachen entwickelt, die die globale Web-Kommunikation ermöglichten." Aaron Swartz

Algorithmen sind der Anfang einer logischen Reihenfolge. Sie gehören zu allen Programmiersprachen, Online-Quiz- und Kontaktformularen. Jeder, der schon mal im Backend einer Webseite war, weiß, was das bedeutet.

Um Algorithmen grundsätzlich zu lesen und zu verstehen, braucht man keine Programmiererin zu sein. Man braucht jedoch die Fähigkeit zum *Computational Thinking*. Es ist einfach logisches Denken und nicht nur sperrig in der deutschen Übersetzung, sondern auch unbequem im Verständnis.

Die Bildungssysteme sind daran nicht ganz unschuldig: Mathematik gilt zwar als nützlich, sofern man in die Medizin oder in die Wissenschaft gehen will. Das betrifft aber nur eine Minderheit der Schüler*innen. Notfalls gibt es immer noch Rechenmaschinen. Dass die Computer in Deutschland, dem Land der chronisch Mathematik-Schwachen (Nolte 2013) ausgerechnet Rechner heißen, ist wohl eine List der Technologie. MINT-Berufe beschäftigen etwa 16% aller Erwerbstätigen. Ingenieure inbegriffen. Für den Rest gilt Rechenschwäche als schick (dpa 2008). Und woanders?

In den 60er Jahren setzte man sich in Stanford, Berkeley und im MIT intensiv mit den Algorithmen und ihren digitalen Verwendungszwecken auseinander. In Frankreich, Russland, Indien, USA, China steht Mathematik seit 1987 im Mittelpunkt der Bildung, wobei Algebra schon sehr früh (ab der 3. Klasse) gelehrt wird. China hat sogar in den 80er Jahren sein Bildungssystem ausschließlich auf die vier Säulen der Innovation (MINT) gestützt. Es ist kein Zufall, dass dort auch schnell Alternativen zu SEO, Google und Facebook und eigene Soft- und Hardware entwickelt wurden. Die Folge? China ist heute neben den USA der größte Konkurrent in der Umsetzung aller Möglichkeiten der Industrie 4.0. Halbleiter werden heute schon überwiegend in China produziert und die Roboter, die morgen viele Jobs ersetzen, sind deutsche Patente *Made in China* und werden wieder in deutschen Firmen eingesetzt. Die chinesischen Millennials sind längst keine sterilen Nachahmer mehr, sondern reagieren schnell auf Trends und sind vom gleichen Schlag wie Jack Ma, der Alibaba-Gründer. Er investiert übrigens aus Überzeugung auch massiv in Aus- und Weiterbildung.

Gibt es außer Hasso Plattner deutsche Unternehmer*innen oder Investoren, die aus Überzeugung oder Philanthropie hunderte Millionen in Online-Lernplattformen investieren oder in gleichwertige Strukturen wie edX, TEDX oder die Khan-Academy? Es passiert zwar einiges auf dem deutschen EdTech-Markt, aber die Investoren bewegen sich hier lieber im sicheren Umfeld der alten, abgewirtschafteten, formalen Bildungslogik.

Und innerhalb der Unternehmen begnügt man sich meist, die Software, Inhalte und Endgeräte zu kaufen und sie nach dem IKEA- oder Lieferando-Prinzip zu benutzen. Viele Firmenchefs wissen nicht, was im Backend abläuft, haben im Keller unzählige Hardware- wie Software-Leichen und Mitarbeiter*innen, die lieber mit der Schatten-IT auf ihrem BYOD-Gerät (bring your own device) arbeiten.

Wie die Software funktioniert, ist ihnen egal. Hauptsache, sie funktioniert. Der Kulturwandel dahinter prägt so auch hier zunehmend die Art, wie wir heute lernen und arbeiten. Das vernetzte Web übernimmt mittels Software und über die allgegenwärtigen mobilen Geräte die vormalig regionale Definitionsmacht, kulturelle Werte und Normen zu überliefern. Globale Netzkompetenz breitet sich aus und damit bestenfalls eine Kultur des *Computational Thinkings*.

Der Begriff der „Kulturtechnik des Computational Thinking" geht dabei auf Jeanette Wing zurück (Wing 2006). Ihre Kernthesen einfach und überzeugend (Latschar 2010):

i. *Computational Thinking* (CT) ist eine fundamentale Kompetenz für jeden von uns, nicht nur für Informatiker*innen (und „Geeks"). Es hilft jedem, immer komplexere Probleme zu lösen (algorithmisches Denken).
ii. CT schult die Fähigkeit der Abstraktion, um komplexe Probleme zu lösen. Aus Problemen Konzepte / Modelle / Abstraktion zu machen und so in die Lage versetzt zu werden, sie zu lösen –> Prozess der Abstraktion Mathematisches Denken + Ingenieurkenntnisse;
iii. *Computational Thinking* -Kurse sollten explizit Nicht-Informatiker*innen angeboten werden, denn sie gehören zu den Grundkompetenzen wie Lesen, Schreiben, Rechnen, Denken und schliessen die anderen nicht aus. Google hat bereits mit seinem Bildungsprogramm begonnen (Google for Education 2015).

Deutschland bräuchte also nicht nur Nachhilfe in Mathe, sondern auch ein ganz neues Verständnis der täglich benutzten Hard- und Software. Und das möglichst auf breitester Front. Algorithmendenken und *Computational Thinking* helfen, aus unstrukturierten Daten strukturierte Informationen und Wissen zu erstellen. Für die Wissensarbeiter*innen ist das die Voraussetzung für die angewandte Kreativität, die künftig von ihnen verlangt wird.

Was viele jetzt verängstigen wird, lässt sich schnell gerade rücken. Sogar für 80% des *Machine Learnings* braucht es „nur" das mathematische Know-how der 8. Klasse, sofern man es geschickt mit Excel zu kombinieren weiß (MSV 2017). Alle anderen kommen in ihrem Berufsleben mit noch weniger Mathe aus.

Um dieser weit verbreiteten Hemmschwelle gegenüber mathematischer Logik etwas entgegenzusetzen, arbeiten Forscher*innen in Stanford an Trainingsangeboten, die Menschen mit anderer Logik entgegenkommen (University, Stanford, und California 2014).

Die schnelle Konkretisierung von kreativen Angeboten mit *Computational-Thinking*-Logik entscheidet letztlich über die individuelle und kollektive Wettbewerbsfähigkeit im digitalen Zeitalter. Für die Erwerbstätigen bestimmt sie die Art und Weise, wie sie künftig ihren Lebensunterhalt verdienen werden: Selbstbestimmt oder fremdgesteuert? Objekt oder Subjekt? Frei oder versklavt?

Auch für selbstorganisiertes Arbeiten, holakratische Organisationsmethoden, den Einsatz der Blockchain im Wissens- und Lernmanagement in kleinen lokalen Strukturen mit Quervernetzungen auf allen Ebenen sind solche Denkstrukturen nützlich. Anders arbeiten beginnt mit anders denken und anders lernen.

Die Frage, wie man zeitnah und benutzerfreundlich Millionen von Weiterlernenden zum Algorithmenlesen und *Computational Thinking* motiviert, könnte ganz oben auf der Agenda Bildung 4.0 stehen. Das wäre praxisorientiert und würde die 85% MINT-Verweiger*innen mit einbinden.

Die interessanten Jobs der Zukunft entstehen nicht nur in MINT, sondern eher in den systemisch kaskadierenden Geschäftsbereichen. Algorithmendenken und *Computational Thinking* ermöglichen den Wissensarbeiter*innen, schneller diese Querbereiche zu erschließen, denn …

„*Wir werden immer mehr Querverbindungen finden.*" (Frenkel 2015)
Sie sind schon da.

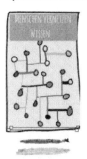

3. DIE UMWERTUNG (ALLEN) WISSENS?

„Nichts und niemand vernetzt so schnell und weit wie Googles Wissensgraph. In Millisekunden durchforstet er Milliarden von Websites, Enzyklopädien, Archive, Plattformen, vernetzt die relevanten Informationen und macht Wissen flüssig." (Bauman 2013)

Geschwindigkeit, Querverbindungen und Flow sind die Parameter der Umwertung des Wissens im digitalen Zeitalter.

Der Wissensfluss ist einerseits technologiegebunden. Nur digitalisierte und offene Inhalte werden von den Algorithmen erfasst, was verschlossenes Wissen (in den Köpfen, Schubladen, Archiven und geheimen Bibliotheken) ausschließt.

NICHTS UND NIEMAND BERNETZT SO SCHNELL UND WEIT WIE **GOOGLES WISSENSGRAPH**.

Andererseits ist dieser beschleunigte Wissensfluss gegenwartsgebunden. Aufgrund seiner Dichte und Geschwindigkeit hält er Zeitgenossen in der Gegenwart fest, was ganz neue Herausforderungen an das Gedächtnis, die Erinnerung und das Bewusstsein von Sein und Zeit stellt.

Die Geschwindigkeit und Quer- verbindungen werten alles Wissen in seiner Wertschöpfung um. Aus seiner unmittelbaren Reproduzierbarkeit generiert die Unternehmens- und Finanzwelt seit zwei Jahrzehnten ihren

Mehrwert und der besitzlose Arbeitende künftig seinen Marktwert. Spätestens seitdem *Deep Blue* aus dem Haus IBM hintereinander alle Schach-Weltmeister (1996), Watson die *Jeopardy Wonderbrains* (Markoff 2011) und schließlich Google auch noch den Go-Champion (2015) besiegte, hat das quantitative Wissen seinen Wert verloren und damit auch seine gesellschaftliche und professionelle Wertschätzung. Die gelehrigen Alleswisser*innen sind nicht mehr die Klassenbesten. Akademische Titel als Einstiegskapital auf dem Arbeitsmarkt verlieren ihren Marktwert und nehmen den Besitzlosen die Möglichkeit, durch immaterielles Vermögen Zugang zum Kapital zu bekommen.

Die vernetzte Wissensgesellschaft wertet Wissen dabei nicht ab. Im Gegenteil. Sie ordnet es nur anders ein, bringt es auf einen gemeinsamen Nenner - nämlich den der unmittelbaren Wertschöpfung. Dazu befähigt sie alle, denn sie macht sie durch die digitalen Technologien von allen Seiten zugänglich, teilbar und vernetzbar.

Die Vision der digitalen Pioniere war, das Wissen aus Einbahnstraßen, Sackgassen, Schubladen und Archiven in frei zugängliche Netzwerke zu leiten, in denen es dann unendlich erweiterbar wird. Wissen sollte kreatives Gemeinwohl werden und sich nicht in den Händen weniger konzentrieren.

Das haben sie leider nicht verhindern können. In besonders lukrativen Bereichen (Biologie, Genforschung, Landwirtschaft, Pharmakologie, Raumfahrt, Chemie und Physik) konzentriert sich die Kontrolle der Daten, Informationen und des Wissens auch weiterhin dank der digitalen Möglichkeiten in den Händen Weniger. Patentrechte auf Heilpflanzen, Saatgut und Moleküle sind nichts anderes als die Privatisierung, Kommerzialisierung und Kontrolle des Wissens der Menschheit.

Open Source, kollaboratives Forschen, Entwickeln bleiben die Bausteine der *Digital Humanities*, bei denen es auch darum geht, den flüchtigen Wissensfluss im Web 1.0, 2.0, 3.0, 4.0, 5.0 in einer Zeitlinie festzuhalten (Arnaud 2014).

So erfüllt Google mit seinen Algorithmen und nicht das Lissabonner EU-Projekt von 2000 den Traum der Aufklärer*innen von einer universalen Wissensbank, die unabhängig von Sprachen, Gepflogenheiten und Entfernungen Wissen verbindet, das gemeinsam mehr wert ist und zum Wohle der Allgemeinheit beiträgt. Für die einen ist es *Information Overload*. Für die anderen ist es das virtuelle Tor zur weiten Wissenswelt.

Der Wissensvorteil der menschlichen Intelligenz verlagert sich somit auch auf eine andere Ebene. Auf der Ebene des quantitativen Wissens kann das menschliche Gehirn fortan nicht mehr mit der künstlichen Intelligenz, den vielen Kanälen des Internets, den Suchmaschinen und der Interaktion der Zielgruppen konkurrieren. Das Gehirn muss sich komplett neu orientieren, sich neue Meilensteine schaffen oder sich einfach in einer endlosen

Gegenwart treiben lassen (Yuan 2016). Kreativ wird es dabei nicht, sondern entweder träge oder ohne neue Ankerstrukturen verwirrt.

Das normative Wissen (was sein sollte...) hat eh nur den Wert des jeweiligen Systems. BWL, VWL, ML (Marxismus/Leninismus), Katechismus, Management-Theorien z.b. sind größtenteils normatives Wissen, das entweder auf einem Postulat basiert oder in eine Doxa verwandelt wird. Marxismus-Leninismus einerseits, Pflichtfach der sozialistischen Bildungssysteme, sowie die Theorie des wissenschaftlichen Managements andererseits, sind Beispiele, wie man hundert Jahre lang die Köpfe der Wissensarbeiter*innen mit normativem und deskriptivem Wissen abgefüllt hat und dabei jegliche Kreativität und Innovation ausgrenzte.

Beide werden sie jetzt von den drei neuen Parametern überholt: Geschwindigkeit, Querverbindungen und Flow.

4. T-SHAPED GENERATIONEN

„Die Dienstleistungsgesellschaft kann ebenso schnell demontiert werden, wie sie entstanden ist. Die von ihr generierten Kompetenzen und Wissensinhalte sind so vergänglich wie die Werte, die sie geschaffen hat." (Fourastié und Fourastié 2000)

Im Übergang von der industriellen Produktionswirtschaft zur Dienstleistungswirtschaft wurden handwerkliches Wissen und kreative Fähigkeiten an den Rand gedrängt und nach den Produktivitätsgesetzen der Dienstleistungsgesellschaft bewertet - und somit auch entwertet.

Kontextbezogene Anweisungen und Wissen, in Kompendien in Lerneinheiten formatiert, ersetzten die Kompetenz des *homo faber*, des schaffend tätigen Menschen. Quantitatives Wissen ohne jede Verwertbarkeit außerhalb des jeweiligen Kontextes wurde zur Wertschöpfung der Wissensarbeiter*innen.

Was für die Dienstleistungsgesellschaft des 20. Jahrhunderts galt, trifft auch auf die vernetzte Wissensgesellschaft des digitalen Zeitalters zu. Fachidiot*innen (Jeges 2015) stehen zwar immer noch hoch im Kurs, richten damit viel Schaden an, sind aber Auslaufmodelle wie Diesel-Fahrzeuge, die jedoch ebenfalls noch weiter produziert werden.

Im Unterschied zum normativen und deskriptiven Betriebs- und Prozesswissen, mit denen das Management im 20. Jahrhundert die Mitarbeiter*innen in immer kürzeren Abständen überhäufte, stehen die Wissensarbeiter*innen der digitalen Revolution vor anderen Aufgaben. Von ihnen wird in der Tiefe Fachwissen mit technologischem Know-How gefordert, das sich in immer kürzeren Zeiten verändert, und in der Breite die Netzkompetenz für das 21. Jahrhundert, die die individuelle und kollektive Kreativität fördert und sie mit vielen anderen Welten vernetzt.

Wenn der amerikanische Soziologe Richard Florida 2003 noch den unaufhaltsamen Aufstieg der kreativen Klasse voraussagte, meinte er damals die 40 Millionen Wissensarbeiter*innen in den USA, die sich von der Unternehmenskultur der Dienstleistungsgesellschaft gelöst hatten und zur neuen immateriellen Wertschöpfung in der vernetzten Wissensgesellschaft beitragen sollten (Florida 2003).

Inzwischen hat sich vieles beschleunigt und die schöne neue Welt der *Creative Class* verändert. Die Verheißungen der *Freelance Economy* wurden schnell vom Plattform- Business verdrängt. Ob dies zwangsläufig ein Problem sein muss, sei dahingestellt (Wagner 2016).

Innerhalb eines Jahrzehnts entstanden jedoch weltweit unzählige Zeitarbeits-Plattformen für temporäre Mitarbeiter, von denen 89% ins Prekariat abrutschen (Hawiger 2015). Von den anderen schaffen 1% den Durchbruch zur Serial Entrepreneurship und 10% den Übergang in die hochpreisige Business Class der IT- und Kreativindustrie.

Die Uberisierung betrifft dabei nicht nur die Taxifahrer*innen und Handwerker*innen, die zunehmend auch mit dem Plattform-Business konfrontiert sind, sondern im Grunde Wissensarbeiter*innen aller Art, die mit Dienstleistungen ihren Lebens- unterhalt finanzieren.

**UBERIZATION
ODER
DIE ÖKONOMIE DES JETZT AUF GLEICH**

UBER**RUSH**
UBER**RYZE**
UBER**BIKE**
UBER**EAT**S
UBER**ESSENTIALS**
UBER**POOL**
UBER**HEALTH**
UBER**EDUCATION**

AMAZON **ECHO**
USW.

Die Segmentierung des Wissens führt zudem zur Segmentierung ihrer Arbeit. Ein kurzer Blick auf die Infografik zeigt, dass viele Hoffnungsträger der hiesigen Startups die in den USA erfolgreichen Geschäftsmodelle übernommen haben und damit auch deren Personalpolitik. Die T-Form wird zum Totem kreativer Wissensarbeiter*innen.

Inwiefern dieses T-Shaped-Profil jedoch langfristig das Erwerbsleben der Menschen absichern hilft, sei angesichts der aktuellen gesellschaftlichen Entwicklungen dahingestellt. Inzwischen hat selbst Richard Florida die dialektisch wirkenden, negativen Konsequenzen der Kreativindustrie für die Stadtentwicklung erkannt und erste Maßnahmen publikumswirksam lanciert (Florida 2017).

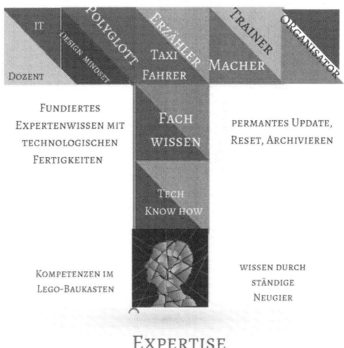

5. FLÜSSIGES WISSEN UND AGILE KOMPETENZ

Die vernetzte Wissensgesellschaft wertet nicht das Wissen als solches auf, sondern die Menschen, die es vernetzen, verbreiten, erweitern und erlauben, daran anzuknüpfen, um es zu erweitern.

Dabei bleibt die sich ständig neu erfindende Gesellschaft hybrid und so ambivalent wie ihre digitalen Wegbereiter*innen. Viele widersprüchliche Entwicklungen können auf denselben Strukturen aufsetzen – die Moral steckt in den Menschen, nicht in den Strukturen. So gäbe es ohne diese *digital revolutioneers* weder *Open Education* noch das Kepler-Projekt, weder die unzähligen Desktop-Publishing-Tools noch Github, Linux, Skype, Wordpress, Firefox und vieles mehr.

The digital revolutioneers

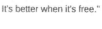

Sie hatten (kurzfristig) die Reproduzierbarkeit des Wissens dem kompletten Zugriff der Konzerne und Daten-Kartelle entzogen und die offene Wissensgesellschaft theoretisch und praktisch ermöglicht. Inzwischen ist wieder alles beim Alten. Daten, Informationen und Wissen wurden zur Ressource, Treibstoff, Ware und NASDAQ-Werten. Was war ihre Vision und wie lautet die Botschaft der digitalen Revolutionäre?

„Die offene Wissensgesellschaft ist technologisch möglich. Für die digitale Revolution ist sie die Voraussetzung. Wie alle offenen Gesellschaften ist sie extrem anfällig. Je mehr Menschen sich jedoch intelligent und aktiv daran beteiligen wollen und können, weil sie ihre Funktionalitäten verstehen und beherrschen, desto größer ist die Zahl derer, die sich der

totalen Kontrolle, dem Monopoltrieb des Kapitals, der Zensur und der medialen Manipulation widersetzen können." (Ammon, Heineke, und Selbmann 2007)

Wie stark die Feinde der offenen Gesellschaft sind, sieht man in der Türkei, USA, Russland, China, allen totalitären Regimen und überall dort, wo die Zivilgesellschaft sich nicht mehr organisieren kann oder will.

Ihre traditionellen Verbündeten sind die individuelle und kollektive Lernfaulheit der einen und Machtbesessenheit der anderen. Daran scheiterten alle Hoffnungsträger, auch die der digitalen Revolution, die durch den offenen Informationsfluss die Gegenkraft entwickelten.

> "KOMPLEXE GESELLSCHAFTSSYSTEME WIE DIE LIBERALE MARKTWIRTSCHAFT VERLANGEN **OFFENE STRUKTUREN**, UM SICH STETIG WEITERENTWICKELN ZU KÖNNEN. NUR IN DER **OFFENEN INTERAKTION** IHRER MITGLIEDER ENTSTEHEN DYNAMIK UND RESILIENZ. DAS ZEIGT SICH BESONDERS IN ZEITEN POLITISCHE ODER INDUSTRIELLER REVOLUTIONEN."
> (FRIEDRICH HAYEK, 1964)

Offen statt umzäunt. In der vernetzten Wissensgesellschaft des 21. Jahrhunderts ist die digitalen Kompetenz ebenso wichtig wie das Expert*innen- Wissen, das implizite Wissen und das Erfahrungswissen. Letztere sind wertlos, wenn sie nicht aus dem geschlossenen Winkel in den offenen und digitalen Kreislauf gebracht werden. Die individuelle Netz- wie die gesell- schaftliche Netzwerk-Kompetenz sind nur die Wegbereiter im digitalen Neuland.

Das setzt neue Fähigkeiten wie *Digital Literacy*, aber vor allem auch eine andere und unvertraute Denkart voraus. Sie lautet: *„What's mine is yours"* und wurde vor einem Jahrzehnt auch das Motto des kollaborativen Konsums. Wissen ist nicht mehr individuell, sondern muss kollektiv und kollaborativ sein und kann durch Teilen und Verteilen noch ergiebiger werden. Altruismus wird zur Voraussetzung in einer Zeit, die sich dank des unendlichen Teilens und Verteilens regenerieren und nach Auswegen aus der Sackgasse des kapitalistischen Gesellschaftsmodells sucht.

Altruismus vs. Kapital - kann das funktionieren (Fisher 2009)? Manche kreativen Web-Wissenschaftler*innen bleiben hartnäckig am Ball und bringen sich konsequent störend weiter ein (Cox 2011).

Im ständigen Wissensflow werden Lehrende zu Lernenden und wechseln ständig die Seiten und Perspektiven. Und weil die digitalen Technologien auch noch den endogenen Beschleunigungsfaktor enthalten, wird lebenslange Weiterbildung in vielen Bereichen heute wichtiger als die primäre Ausbildung, die vielen Lernenden schon beim Erwerb als wirklichkeitsfremd vorkommt.

Das Erlernen der neuen Netzkompetenz, die für eine aktive und kreative Teilnahme an der digitalen Ökonomie wichtig ist, setzt das allgemeine Grundwissen (Alphabet, Geografie, Geometrie, Zahlen, Sprache) und die Grundbefähigungen (Lesen, Schreiben, Rechnen, Zeichnen! und Handwerken) voraus. Es ist nicht das Ende der Arbeit, wie Jeremy Rifkin es 1995 ankündigte (Rifkin 2005), sondern das Ende der gut bezahlten Festanstellung für Wisssensarbeiter*innen und der Anfang einer neuen Arbeits- und Lernorganisation (Giza 2014).

Aus dem flüssigem Wissen muss zukündtig jedeR seine persönliche Kompetenz ständig neu definieren und erneuern. Liquid statt starr. Das ist das Leitmotiv von Arbeit und B(u)ildung 4.0.

6. BLOCKCHAIN: KETTEN BILDEN!

"Blockchain – die nächste große Sache für die Bildung. Wie Bitcoin ermöglicht sie den Flüssigkeitsfluss und optimiert die Transparenz." The Economist. June 2016

Wer hätte vor drei Jahren gedacht, dass Blockchain „the next big thing for education" und noch viel mehr sein könnte (Watters 2016)?

Es ist die Dynamik, die bislang nur als Transaktionsmittel im Zahlungsverkehr in Form von Bitcoins ständig für Schlagzeilen sorgte.

Ethereum, eine weitere auf der Blockchain aufsetzende Software, geht einen Schritt weiter und ermöglicht die Authentifizierung von Dokumenten, Zertifikaten und Inhalten sowie immaterieller Tauschgeschäfte, Coupons, Vouchers, Überweisungen und Diplome. Sie ermöglicht sogenannte „Smart Contracts".

EINE BLOCKCHAIN IST EINE **DEZENTRALE DATENBANK**. DIE DATENBANK WIRD CHRONOLOGISCH ERWEITERT, VERGLEICHBAR EINER KETTE. AN IHREM UNTEREN ENDE WERDEN STÄNDIG NEUE ELEMENTE HINZUGEFFÜGT. DAHER AUCH DER BEGRIFF 'BLOCKCHAIN'.

Wie mit Bitcoin, der neuen digitalen Währung, erobert die Blockchain all jene Bereiche, in denen das Umfeld zu langsam, unsicher oder der globalen Beschleunigung und Verdichtung nicht gewachsen ist. Anfällige Währungen in

China, Indien, Russland oder gar Europa nach dem Euro? Chaotische Bürokratien in Lateinamerika, Afrika, im mittleren Orient? Universitäten, die Titel, Auszeichnungen und Abschlüsse gegen Bares verkaufen?
Die digitale Revolution schafft so eine neue Stratosphäre und die entsprechenden Modi und Formen, um den Informations- und Wissensflow transparent und nachvollziehbar zu machen. Aufsetzend auf einem dezentralen Register, das sich chronologisch und linear ständig erweitert - sofern die Rechner-Kapazitäten mitmachen.

Erfahrungswerte gibt es noch wenige. Die gab es aber auch nicht zu Beginn der digitalen Revolution, des Internets und des Web 1.0 bis zum immer noch ausstehenden Web 3.0. Gerade darum ist die offene, kollaborative Zusammenarbeit und das Denken in ewigen Beta-Projekten im Prototyping (b9lab 2017) der einzige Weg, um schnell nutzerfreundliche Modelle zu entwickeln, besonders im Bildungswesen (BEN 2014).

Warum könnte ausgerechnet die Blockchain die bedarfsgerechte Lösung im offenen Wissenstransfer des 21. Jahrhunderts sein?
Die Blockchain wirkt als Disintermediation (Wegfall von bisherigen Mittlern) und ermöglicht somit die *Peer-to-Peer*-Verbindung, wie sie schon von den digitalen Pionieren in Form von Tauschbörsen wie Napster u.a. versucht wurde, sich aber jetzt in der Verkettung entwickelt. Blockchain und z.B. Etherum werden zukünftig dezentrale, kollaborative und virtuelle Organisationen überall dort möglich machen, wo immaterielle Inhalte nicht nur geteilt und erweitert werden, sondern auch alle Schritte nachvollziehbar sein sollen. Das kann kollaborative Software zwar auch, doch die ist plattformzentriert zugunsten eines (potenziell einflussnehmenden) Mittlers.
Die Blockchain-Dynamik revolutioniert somit die Reproduktion von Wissensinhalten, indem es alle Informationen speichert und permanent aktualisiert, Erweiterungen oder Korrekturen nachvollziehbar macht. Mit Blockchain lässt sich u.a. schnell und unbürokratisch die Echtheit eines Doktortitels, der Inhalt eines Ingenieurstudiums oder die einer Transaktion prüfen, was das aktuelle Prozedere des internationalen Dokumentenabgleichs vereinfacht.
Falsche Titel, falsche Identitäten, gefälschte Lebensläufe hätten weniger Chancen als bislang, nicht nur im innerdeutschen Datenverkehr, sondern vor allem im globalen Wissensverkehr. Ausländischen Dozierenden, Studierenden, Unternehmen auf der Suche nach Fachkräften verkürzt das Blockchain-Prinzip Zeit und Wege. Wie lange braucht es heute, um den Doktortitel oder das Studium der Universität Mogadischu oder Mosul zu authentifizieren?
Doch auf der Blockchain- Dynamik ist neben Etherum auch die Software Reposium aufgebaut (Schiener 2015). Diese Plattform (DCO = Decentralized Collaborative Organisation) unterstützt die dezentrale Zusammenarbeit von

Organi- sationen über Daten, Informations- und Wissensblöcke und bezeichnet sich als dezentrales Wikipedia. Sie ermöglicht so die Nachvollziehbarkeit, Transparenz und Authentizität der Informationen und Wissenscontainer.

Ihre dezentrale Wissensbank (DKB - Decentralized Knowledge Base) eignet sich für die Zusammenarbeit in Innovation-Clustern, an denen duale Ausbildungsträger, Weiterbildnerinnen, Fachschulen, Unternehmen und Lernende und Mentoren beteiligt sind. Die Plattform zusammen mit der Blockchain-Dynamik wäre (eventuell) der passende Support für das Prototyping im kontinuierlichen Lernprozess.

BLOCKCHAIN FÜR B(U)ILDUNG 4.0
"KREATIVITÄT ENTHÄLT AUCH IMMER EIN RISIKO."
(Henri Matisse)

Die Erfinder*innen und Entwickler*innen der digitalen Technologien hatten keine Routenplaner und Meilensteine. Weder Steve Jobs, Sebastian Thrun oder Jeff Bezos noch Elon Musk, Pierre Omidyar oder Larry Page hatten Vorlagen, an denen sie sich orientieren konnten. Nur Vorstellungen und Visionen. Ihre Methode: Versuchen und schauen, wie es funktioniert. Am besten im *Open Innovation* Prozess, damit möglichst viele die Software testen und verbessern können. *Computational Thinking* war sicher auch mit dabei.

Was brauchen Berufsschulen, Handwerkskammern, Ingenieur*innen als externe oder interne Berater*innen, Moderator*innen, Trainer*innen und Lernende im Azubi-Modus und später im lebenslangen Weiterlern-Modus? Einen virtuellen gemeinsamen, aber geschützten Raum, wo sie wichtige Informationen und Prozesse ablegen, auffinden und bearbeiten können, allein oder in Zusammenarbeit, und so über ihr Tun eine gemeinsame Zeitlinie und Dokumentation anlegen.

Die Menschen, die Strukturen, die Technologien sind da. Der Rest ist eine Frage der Kompetenz, des technologischen Know-Hows und des Think differently just in time with the right people.

Wie funktioniert das eigentlich? Ungefähr so wie in der nachfolgenden Grafik. Aber am Ende noch v i e l besser ...

Angelica Laurençon & Anja C. Wagner

BLOCKCHAIN FÜR B(U)ILDUNG 4.0

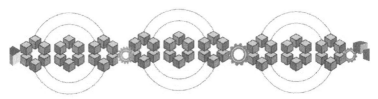

eine einzige Plattform für B(u)ildung 4.0,
in der öffentliche & private Training Programme, Hackathons
& FabLabs, KMU, Startups and institutionelle
Bildungsträger in Quervernetzungen zusammenarbeiten.

7. WEB-WISSENSCHAFT UND WISSEN

„Der Wissensgesellschaft geht es weniger um die Wissenschaften, sondern um die Entwicklung profitabler Technologien und Lösungen. Was man daraus macht, bestimmt ihren Wert. Das gleiche gilt auch künftig für das Wissen. Es wird verflüssigt, zur Materie, zur Ware, materiell und immateriell, verflüchtigt sich aber schnell." (Poole 2012)

Die vernetzte Wissensgesellschaft soll und muss künftig in der globalen Datenvernetzung neue Ressourcen und Ertragsquellen finden. Die digitalen Technologien unterstützen sie dabei: Internet, Software, Hardware, Plattformen, aus denen sich Netzwerke entwickeln und cyber-physikalische Systeme, die die Dinge, Menschen und die Datenbanken vernetzen. Jeder kann die sieben Stufen der vernetzten Wissensgesellschaft synchron und asynchron durchlaufen, je nach persönlicher Kompetenz und Zielsetzung:

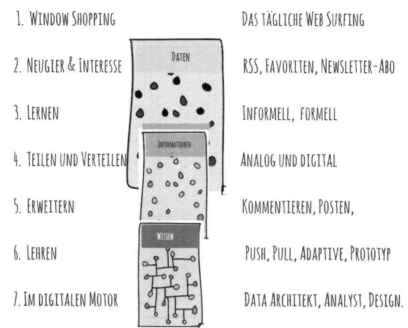

1. WINDOW SHOPPING	DAS TÄGLICHE WEB SURFING
2. NEUGIER & INTERESSE	RSS, FAVORITEN, NEWSLETTER-ABO
3. LERNEN	INFORMELL, FORMELL
4. TEILEN UND VERTEILEN	ANALOG UND DIGITAL
5. ERWEITERN	KOMMENTIEREN, POSTEN,
6. LEHREN	PUSH, PULL, ADAPTIVE, PROTOTYP
7. IM DIGITALEN MOTOR	DATA ARCHITEKT, ANALYST, DESIGN.

Das Medium ist responsiv und passt sich den Benutzer*innen und deren Oberflächen an (Responsive.org 2015). Die Galaxie informeller Wissensanbieter*innen, in der Millionen Blogger*innen, Millionen Foren, in offenen und geschlossenen Communities, auf Plattformen wie Wikipedia, ehow, Quora kostenlos ihr Wissen teilen und erweitern, ist unendlich. Das Darknet ebenfalls. Doch wenn 90% der Benutzer die Sozialen Netzwerke mit Porno-Schrott, Fake News, Spam und Urlaubsfotos füllen, liegt das nicht an den Technologien, sondern an den Menschen, die sie benutzen. Wahrscheinlich optimieren nur 3% aller Zeitgenoss*innen die neuen Technologien als private und öffentliche Wissensbank, zum Lernen und nicht nur zum Lurken. Die anderen haben es in in ihrer Ausbildung ja nie anders gelernt. Bis heute nicht.

In der Wissensbank von Slideshare.net (ein LinkedIn-Satellit wie auch Lynda.com), auf Vimeo, YouTube, Scribd u.a. wird jeder mit etwas Rechercheerfahrung und interkulturellem Hintergrund in allen thematischen Bereichen fündig. Über 15 Millionen Tutorials in fast allen Sprachen auf allen Gebieten sind kostenfrei im Netz zugänglich. Mathematik, Fremdsprachen, Programmieren, Tischlern, Klöppeln, *Business Finances, Urban Farming* ... Das Internet wird zum Schlaraffenland für Wissenshungrige und Netzdenker*innen. Lernende mit Freibeutergeist kommen da ganz gut zurecht (Bach 2010).

Angelica Laurençon & Anja C. Wagner

ERINNERE DICH: DU KANNST ALLES LERNEN IM INTERNET. WENN ENTWICKLUNGSLÄNDER INTERNET-ZUGANG ERLANGEN, WIRD ES NICHT DIE ART TRANSFORMIEREN, WIE SIE ARBEITEN, SPIELEN UND LERNEN. ES WIRD SIE **REVOLUTIONIEREN**.

Doch die meisten verbringen sicher nicht deshalb 40 Stunden und mehr pro Woche im Internet, weil purer Wissenshunger und Lerneifer sie treibt (BestCom 2015).
Was soll's?!
Die vernetzte Wissensgesellschaft hat schon unterschwellig ihr eigenes Auslese-Verfahren entwickelt. Bei einem globalen Angebot von etwa 600 Millionen Wissensarbeiter*innen mit akademischem Hintergrund trennt sie die Spreu vom Weizen und findet im globalen Netz auch die verborgenen Talente.
Die neue informelle Stratosphäre der vernetzten Wissensgesellschaft bietet überall digitale Fluchtwege für Menschen, die entweder keinen Zugang zu den lokalen Bildungseinrichtungen haben oder von ihnen nicht mehr das Wissen bekommen, das ihnen weiterhelfen kann. Not macht erfinderisch und fördert die Kreativität. Das können wir von afrikanischen Entrepreneuren lernen (Sotunde 2014).
Wenn Mark Zuckerberg intensiv die alternative Online-Bildung in Afrika fördert, ist es nicht nur Altruismus, sondern Pragmatismus. Unter den 1,5 Milliarden Einwohnern, die der afrikanische Kontinent bis 2030 zählen wird, gibt es bestimmt genug kreative Köpfe mit Unternehmergeist.

Dank der Pioniere wie Tim Berners-Lee hält die digitale Revolution in ihrer Entstehungs- und Beta-Phase eine wundersame Mischung bereit, die allen zur Verfügung steht, die etwas unternehmen wollen. Die Mischung setzt sich zusammen aus

- wissenschaftlicher Neugier, Wissen und den entstehenden Möglichkeiten, dieses Wissen gemeinsam mit anderen voranzutreiben. Kollaboration und Transparenz bleibt deshalb eine wesentliche Eigenschaft im Umgang mit den digitalen Technologien;
- technischem und wissenschaftlichem Positivismus: Die Technologie sollte dem Fortschritt der Menschheit dienen und Alternativen zum eindimensionalen Menschen der 1960/70er Jahre schaffen, der nur noch Informationen und Wissen konsumiert und am Ende geistig steril wird;
- ökonomischem Realismus: die Pioniere wollten das neue Wissen mit seinen Möglichkeiten vor dem Kapitalismus und den Gesetzen der

Marktwirtschaft schützen, indem die Technologien sofort allen frei zugänglich gemacht wurden, anstatt sie zuerst zu patentieren und dann zu vermarkten.

> "DIE LEUTE, DIE DIE TOOLS ENTWICKELT HABEN, DIE DAS INTERNET ZUM LAUFEN BRINGEN, HATTEN **IHRE EIGENEN IDEEN FÜR DIE ZUKUNFT.**"
> (Tim Berners-Lee).

Die Mozilla Foundation, Wordpress.org, Wikimedia und GitHub sind die letzten Reste aus dieser Pionierzeit der digitalen Gründerjahre. Das unterscheidet sie in ihrer Entstehungsphase von den anderen Technologien.

Die Verbesserung des Allgemeinwissens der Zeitgenossen und Nachgeborenen oder gar der globale Wissenstransfer war für die Wissenschaftlerinnen, Ingenieure und Erfinderinnen der früheren technologischen Revolutionen nicht vorrangig. Sie hüteten eher ihren eigenen Wissensschatz so gut wie möglich bis zur Patentierung und Umsetzung, gingen gern auf Wissenklau bei anderen. Wichtig war, was schnell dabei rauskam. Nicolas Tesla bezahlte seine Offenheit und Transparenz mit Armut und geriet in Vergessenheit, während Thomas Edison sich seine industriellen Denkmäler baute.

Doch die Software-Entwickler*innen der Netzwerk-Gesellschaft brachten ihre eigene DNA mit ein, geboren aus den fundamental emanzipatorischen Werten der Alt-68er:
- *Open Source*: Der Quellcode ist offen.
- *Open End*: Nichts ist endgültig. Alles bleibt in Beta.
- *Open Innovation*: Jeder weiß etwas und gemeinsam kommt Neues zustande.

Tim Berners-Lee, dem die vernetzte Wissensgesellschaft den offenen Zugang zum weltweiten Netz, die Erfindung von HTML, URLs und noch viel mehr verdankt, hat davon finanziell deutlich weniger profitiert als GAFA[7]. Doch ohne seine Leistung, die technologischen und mathematischen Konstrukte und die neuen Websprachen (nicht nur HTML) hätte das Wissen nicht so schnell die neue Dimension der Reproduzierbarkeit erreicht.

---

[7] Google, Apple, Facebook, Amazon

Der Hypertext in seinem Aufbau und seiner Dimensionen-Vielfalt war das „Neuland" der globalen Wissens- und Lernstruktur.

LITERATUR

Ammon, Sabine, Corinna Heineke, und Kirsten Selbmann. 2007. Wissen in Bewegung. Velbrück Wissenschaft Abgerufen (http://www.velbrueck-wissenschaft.de/catalog/product_info.php?cPath=21&products_id=28).

Anders, George. 2015. „That ‚Useless' Liberal Arts Degree Has Become Tech's Hottest Ticket". Forbes. Abgerufen (http://www.forbes.com/sites/georgeanders/2015/07/29/liberal-arts-degree-tech/).

Arnaud, Solange. 2014. „La recherche collaborative : enjeux et problématiques de la recherche de demain". Abgerufen Dezember 9, 2017 (https://silex-id.com/take-your-time/la-recherche-collaborative-enjeux-et-problematiques-de-la-recherche-de-demain).

b9lab. 2017. „Certified Online Ethereum Developer Course - May". Abgerufen (https://academy.b9lab.com/courses/course-v1:B9lab+ETH-12+2017-05/about?afmc=3b).

Bach, James. 2010. Die Freibeuterstrategie | James Marcus Bach | Buch | Verlag Antje Kunstmann. Verlag Antje Kunstmann Abgerufen (/titel-0-0/die_freibeuterstrategie-622/).

Bauman, Zygmunt. 2013. Culture in a Liquid Modern World. 1. Aufl. Polity.

BEN. 2014. „What is BEN | Blockchain Education Network (BEN)". Blockchain Education Network (BEN). Abgerufen (https://blockchainedu.org/swarm/).

Berners-Lee, Tim. 2006. „Interview with Tim Berners-Lee | Impact Lab". Abgerufen (http://www.impactlab.net/2006/03/25/interview-with-tim-berners-lee/).

BestCom. 2015. „Wieviel Zeit die Deutschen im Internet verbringen". BestCom BREITBAND eG. Abgerufen (http://bestcom-eg.de/wieviel-zeit-die-deutschen-im-internet-verbringen/).

Cox, Geof. 2011. „Learning from the open source movement | Guardian Sustainable Business | The Guardian". Abgerufen Juli 20, 2017 (https://www.theguardian.com/social-enterprisenetwork/2011/jan/27/learning-from-open-source-geof-cox).

DPA. 2016. „Bildung: TIMSS-Studie: Deutsche Grundschüler sind Mathe-Muffel". FOCUS Online, November 29 Abgerufen Juli 19, 2017 (http://www.focus.de/regional/schleswig-holstein/bildung-timss-studie-deutsche-grundschueler-sind-mathe-muffel_id_6270100.html).

dpa. 2008. „Es ist „schick", schlecht in Mathe zu sein". WELT, September 26 Abgerufen Juli 19, 2017 (https://www.welt.de/wissenschaft/article2441231/Es-ist-schick-schlecht-in-Mathe-zu-sein.html).

Fisher, Max. 2009. „Does Capitalism Work If Humans Are Altruistic?" The Atlantic, September 14 Abgerufen Juli 19, 2017 (https://www.theatlantic.com/business/archive/2009/09/does-capitalism-work-if-humans-are-altruistic/26429/).

Florida, Richard. 2003. „The Rise of the Creative Class: And How It's Transforming Work, Leisure, Community, and Everyday Life:" Abgerufen Juli 19, 2017 (https://www.amazon.de/Rise-Creative-Class-Transforming-Community/dp/0465024777/ref=sr_1_1?s=books-intl-de&ie=UTF8&qid=1500478341&sr=1-1).

Florida, Richard, 2017. „The New Urban Crisis: How Our Cities Are Increasing Inequality, Deepening Segregation, and Failing the Middle Class - and What We Can Do About it" Abgerufen Nov 24, 2017 (https://www.amazon.de/New-Urban-Crisis-Segregation-Class-ebook/dp/B01MUWBFIX/ref=tmm_kin_swatch_0?_encoding=UTF8&qid=1511527406&sr=8-1).

Fourastié, Jean, und Jacqueline Fourastié. 2000. Jean Fourastie entre deux mondes. Mémoires en forme de dialogue avec sa fille Jacqueline. Paris: Editions Beauchesne.

Frenkel, Edward. 2015. „Ohne Mathe keine Freiheit". ZEIT ONLINE, Februar 19 Abgerufen Juli 19, 2017 (http://www.zeit.de/2015/06/edward-frenkel-mathe-liebe-russland).

Geuter, Jürgen. 2015. „Wie liest man eigentlich Algorithmen? | WIRED Germany". Abgerufen Juli 19, 2017 (https://www.wired.de/collection/tech/wie-liest-man-eigentlich-algorithmen).

Giza, Melanie. 2014. „Berufseinsteiger: In der Endlos-Orientierungskrise". Die Zeit, April 13 Abgerufen Juli 19, 2017 (http://www.zeit.de/karriere/beruf/2014-04/sinnsuche-universitaetsabschluss-krise).

Google for Education. 2015. „Computational Thinking". Abgerufen (https://edu.google.com/resources/programs/exploring-computational-thinking/).

Hawiger, Daniel. 2015. „Ausbeutung in der Sharing Economy: Die wunderbare neue Welt des Lohndumpings". netzpolitik.org. Abgerufen (https://netzpolitik.org/2015/ausbeutung-in-der-sharing-economy-die-wunderbare-neue-welt-des-lohndumpings/).

Holland, Martin. 2017. „‚Das größte Risiko für unsere Zivilisation': Elon Musk warnt erneut vor KI". heise online. Abgerufen (http://www.heise.de/newsticker/meldung/Das-groesste-Risiko-fuer-unsere-Zivilisation-Elon-Musk-warnt-erneut-vor-KI-3773358.html).

Jeges, Oliver. 2015. „Fachidioten: Studium an Universität vollkommen überbewertet - WELT". Abgerufen Juli 19, 2017 (https://www.welt.de/debatte/kommentare/article141484541/Die-Unis-produzieren-Theorietrottel-und-Langweiler.html).

Latschar, Wolfram. 2010. „Computational thinking als Kulturtechnik - Das Ende der Geeks | DIGITALHANDELN". Abgerufen (https://www.digitalhandeln.de/analysen/no-more-geeks-computational-thinking-als-kulturtechnik).

Levy, Steven. 2016. „How Google is Remaking Itself as a "Machine Learning First"". WIRED. Abgerufen Juli 19, 2017 (https://www.wired.com/2016/06/how-google-is-remaking-itself-as-a-machine-learning-first-company/).

Lobe, Adrian. 2016. „Technologie und Kultur: Macht uns Google dumm?" Abgerufen Juli 20, 2017 (http://www.faz.net/aktuell/feuilleton/debatten/die-digital-debatte/technologie-und-kultur-macht-uns-google-dumm-14351341.html).

Markoff, John. 2011. „On 'Jeopardy!' Watson Win Is All but Trivial". The New York Times, Februar 16 Abgerufen (http://www.nytimes.com/2011/02/17/science/17jeopardy-watson.html?pagewanted=all).

McLuhan, Marshall. 2011. „Die Gutenberg-Galaxis: Die Entstehung des typographischen Menschen". Abgerufen Juli 19, 2017 (https://www.amazon.de/Die-Gutenberg-Galaxis-Entstehungtypographischen-Menschen/dp/3943330001/ref=sr_1_cc_1?s=aps&ie=UTF8&qid=1500455128&sr=1-1-catcorr&keywords=gutenberg+galaxis).

MSV, Janakiram. 2017. „Machine Learning Is Not Magic: It's All About Math, Stats, Data, and Programming". The New Stack. Abgerufen (https://thenewstack.io/machine-learning-not-magic-guide-get-started/).

Nolte, Dorothee. 2013. „Neue Rechen-Studie: Die Deutschen können kaum Mathe". Tagesspiegel, Mai 29 Abgerufen Juli 19, 2017 (http://www.tagesspiegel.de/wissen/neue-rechen-studie-die deutschen-koennen-kaum-mathe/8273218.html).

O A. o. J. „BlockchainU". Blockchain University. Abgerufen (http://blockchainu.co/2015/01/10/unveiling-blockchain-university/).

O A. o. J. „Snapshot". Abgerufen Juli 19, 2017b (http://hackeducation.com/2016/04/07/blockchain-education-guide).

Poole, Steven. 2012. „Makers: The New Industrial Revolution by Chris Anderson - review | Books | The Guardian". The Guardian, Dezember 7 Abgerufen Juli 19, 2017 (https://www.theguardian.com/books/2012/dec/07/makers-chris-anderson-review).

Responsive.org. 2015. „Manifesto". Responsive.org. Abgerufen (http://www.responsive.org/manifesto/).

Rifkin, Jeremy. 2005. „Das Ende der Arbeit und ihre Zukunft". Abgerufen Juli 19, 2017 (https://www.amazon.de/Das-Ende-Arbeit-ihre-Zukunft/dp/3596169712/ref=sr_1_1?ie=UTF8&qid=1500480158&sr=8-1&keywords=rifkin+ende+arbeit).

Schiener, Dominik. 2015. „Reposium: The future of Wikipedia as a DCO". Dominik Schiener. Abgerufen (https://medium.com/@DomSchiener/reposium-dco-the-future-of-wikipedia-4be080cfa027).

Sotunde, Oluwa Busayo. 2014. „10 Under 30 African Inventors Set To Change The World". Ventures Africa. Abgerufen (http://venturesafrica.com/10-under-30-african-inventors-set-to-change-the-world/).

University, © Stanford, Stanford, und California 94305. 2014. „How to Learn Math: For Students". Abgerufen (https://lagunita.stanford.edu/courses/Education/EDUC115-S/Spring2014/about).

Wagner, Anja C. 2016. „Arbeit 4.0 bedeutet Plattform-Kapitalismus – aber ist das wirklich ein Problem?" Abgerufen (http://flowcampus.com/input/acw/arbeit40-bedeutet-plattform-kapitalismus/).

Watters, Audrey. 2016. „The Blockchain for Education: An Introduction". Hack Education. Abgerufen (http://hackeducation.com/2016/04/07/blockchain-education-guide).

Wing, Jeannette M. 2006. „Computational Thinking". Communications of the ACM 49(3).

Yuan, Dianfei. 2016. „Heidegger and Castells: The Concept of Time in Digital Technology Era". Barcelona: Universitat Autonoma de Barcelona Abgerufen Juli 19, 2017 (http://www.tesisenred.net/bitstream/handle/10803/386430/dy1de1.pdf?sequence=1).

KAPITEL 4

B(U)ILDUNG VERNETZT

"Im Bildungsbegriff schwingt vieles mit: Bildung wird zugleich gesehen als normativ-idealistischer Begriff und als Ressource der modernen Gesellschaft, Ideal und Kapital, emanzipatives Moment der Unterdrückten und kapitalistische Ware (Bildungsinhalte und -zertifikate) (...) Und Bildung verweist auf eine lange Tradition." (Wagner 2012).

Bildung ist Wissenstransfer, formell oder informell – so heißt es landläufig. Bildung ist ein Persönlichkeitsentfaltungsrecht, sagt die Bildungsforschung. Entsprechend sei Bildung abzusichern seitens des Staates, so will es der Mainstream.

Damit wären wir beim formalen Bildungssystem mit seinen schwerfälligen Institutionen angelangt. Und spätestens hier beginnt das Problem.

Wissen ist nämlich nur wertvoll, wenn es maximal übertragbar und unmittelbar vernetzbar wird. Das war das Ideal der digitalen Pioniere: Disruptive Disintermediation statt Mittler.

1. DISRUPTION

Industrielle Revolutionen sind disruptiv. Darum heißen sie auch so.

Die digitale Revolution ist auch aus Sicht der Bildung gleichzeitig das Medium und die Botschaft (McLuhan 1964). Durch neue Kenntnisse und Erkenntnisse stören und zerstören sie die geltenden Paradigmen, bringen die vertrauten Weltbilder ins Wanken und bewirken den von Thomas Kuhn beschriebenen Paradigmenwechsel (Lindner 2016).

Weil die meisten Zeitgenoss*innen diesen Paradigmenwechsel erst mit einiger Verspätung wahrnehmen, entsteht dabei immer auch eine neue gesellschaftliche und materielle Polarisierung. Wie einst die Wasser- und Dampfkraft, die Elektrizität, die Brennstoffe und das Atom setzen die

Informations- und Kommunikationstechnologien unbekannte Energiequellen frei, die nach und nach alle Bereiche durchdringen und neu ordnen.

Das industrielle Internet der Dinge ist nur eine Etappe, die schon die darauffolgende Stufe in sich birgt und vorantreibt: KI, die künstliche Intelligenz, die viele Arbeits- und Lernprozesse nicht nur erleichtert, sondern auch verdichtet und beschleunigt. Sie zerstört alle vertrauten Strukturen – nicht nur in der Arbeitswelt, sondern auch in der Bildung.

WAS IST DISRUPTION?
DISRUPTION IST, WENN **DAS UNDENKBARE** PLÄTZLICH ZUM FAKT WIRD.
WENN MAN SICH ETWAS GANZ NEUES EINFALLEN LASSEN MUSS, UM NICHT IN DER SACKGASSE ZU ERSTARREN.

Disruption ist also mehr als nur ein neues Unwort der *Web Society*. Das neue (digitale) Medium ist nicht nur ein Vektor (McLuhan 1964), es wird auch zur neuen Kernkraft der vernetzten Wissensgesellschaft und setzt ähnliche Energien frei.

2. DISINTERMEDIATION

Disintermediation, also der Wegfall einzelner Stufen in der Wertschöpfungskette, war die disruptive Kraft, die erst die Medienindustrie aufwirbelte, sich dann durch verschiedenste Branchen pflügte (Handel, Reisen, Autos etc.) und jetzt die Bildungssysteme herausfordert.

Jeder kann heute Verleger*in, Sender*in und Verstärker*in, LehrendeR und LernendeR und damit Teil einer unendlichen globalen Community werden.

Dabei folgen informelle Wissensproduzent*innen -ob Autor, Professorin, Wissenschaftler, Expertin oder passionierter Rosenzüchter- auch den Pfaden der digitalen Wissenspioniere: Jedes Wissen soll von anderen erweitert, ergänzt oder verwendet werden. Das macht sie zwar individuell weder reich noch berühmt, doch bereichert die Menschheit insgesamt. Im Netz finden sie das Material, das Know-How und vielleicht auch die Resonanz und den Echo-Effekt.

Aus diesem Bedürfnis nach informeller Vernetzung und Kommunikation entstanden ab 2000 die Geschäftsmodelle aller Social-Media-Plattformen. Nicht alles ist wissenswert, doch als *Social Data* unbegrenzt verwertbar

(Pentland 2014). Damit veränderten sie nicht nur die Reproduktion des Wissens, sondern auch den Wert der Reproduzierbarkeit. Finanziell und inhaltlich. Dass nur sehr wenige E-AutorInnen oder Blogger und Vloggerinnen finanziell wirklich erfolgreich sind, spricht nicht gegen das Ausmaß der technologischen Möglichkeiten.

Wenn ein Autor heute seine Werke, egal ob Romane, Zeichnungen, Forschungen, Musik oder wissenschaftliche Arbeiten, frei ins Netz stellt, setzt er sich auch über die üblichen Werte der Urheberschaft hinweg.

SELF-PUBLISHING PIONEER HUGH HOWEY
NACHDEM VIELE VERLAGE SEINEN ERSTEN ROMAN "SILO" ABGELEHNT HATTEN, VERÖFFENTLICHTE ER IHN DIREKT AUF DER AMAZON KINDLE PLATTFORM. ES WURDE EIN BESTSELLER.

Wissen wird zum Allgemeingut und zu kollektivem Wissen, das als solches auch reproduziert und erweitert werden kann.

Auch wenn große Plattformen sehr schnell wieder Millionen Bilder und Musikstücke unter Beschlag nahmen und mit ihrer Reproduzierbarkeit Millionen verdienen, bleiben Informationen und Wissen Teil des globalen Wissens-Flow und schöpferischen Gemeinguts - zumindest solange bis es wieder mit einem Patentrecht versiegelt wird.

Zwischen der Markteinführung 2007 des Amazon Kindle und 2010 wurde die „Gutenberg-Galaxie" digitalisiert. Jeff Bezos (Amazon) verkündete 2010 den endgültigen Siegeszug des E-Books. Verlage, Archive, die gesamte Medienindustrie und der Buchhandel haben das binnen kurzer Zeit zu spüren bekommen. Es gibt zwar weiter Buchmessen, literarische Quartetts und Rezensionen. Doch inzwischen werden weltweit 70% aller Veröffentlichungen direkt von den Autor*innen ins Netz gestellt.

Die Disintermediation schreitet immer weiter voran. Die *Makers* setzen sich durch (Poole 2012). YouTube, Vimeo, Google, Slideshare (LinkedIn), Magazine, DIY-Vorlagen und E-Book-Plattformen wurden damit zu den Wissensbanken des aktuellen Wissens im Flow, ohne Mediatoren, Mediation und Mediatheken. Sie unterstützen Direktlernen und Weiterbildung in Eigenregie, und zwar ganz ohne die vier Lernhürden: Zeit- und Raum, die Vermittelnden (Lehrende, Dozierenden) und die Wertschätzung der anderen.

Gleichzeitig schalten sich über die digitalen Produktionsmittel (Plattformen) auch wieder kommerzielle Interessen dazwischen. Das nächste Geschäftsmodell ist Bildung, d.h. Aus- und Weiterbildung und nicht die pädagogische Mission des Erziehungswesens in den Grundschulen. Damit dürfen sich die lokalen Institutionen weiter auseinandersetzen, bis sie irgendwann auch den Bildungssektor an externe Dienstleister abgeben, wie es in vielen Ländern (z.B. USA, Chile) schon der Fall ist (Rizvi 2016).

Marode Schulen (dpa 2016) und miserable Lernbedingungen an den Hochschulen ermutigen zum Lehren und Lernen außerhalb der Bildungseinrichtungen. Wobei auch hier schon wieder die Kehrseite sichtbar wird, z.B. mit der École 42 (Bürk, Kaiser, und Werb 2016). *Hackschooling* ist die interaktive Reaktion auf verkrustete und überholte Bildungsraster und Bildungseinrichtungen, die ihrer Aufgabe nicht mehr nachkommen können. Mit der *CODE University* ist das Format selbst in Deutschland angekommen (Scherkamp 2017).

Die zunehmende Privatisierung und Kapitalisierung des Wissenstransfers verschärft jedoch nicht nur die Polarisierung der Gesellschaft und soziale Ungleichheiten, sondern auch die Uberisierung der Wissensarbeiter*innen (Kirsner 2016), ganz zu schweigen von der Remediation[8] des Wissens im Sinne der kurzfristigen Gesetze des Kapitalmarkts.

Die ökonomische Verwertbarkeit des Wissens z.B. in Form von Weiterbildung - denn nur da ist außerhalb der formalen Strukturen noch viel Geld zu verdienen - wird durch die neuen Parameter (Tempo, Reproduzierbarkeit und direkte Einbeziehung der Nutzenden im Open Innovation Prozess) zu einer Herausforderung. Auch für jene kreativen Wissensarbeiter*innen, die nicht nur mit allen digitalen Tools, sondern auch ohne Partitur spielen können.

Ob und wie weit die von der Gesellschaft getragenen Bildungsträger in Zukunft noch eine Rolle spielen werden, bleibt offen. Doch sie sollten sich schnell folgende Fragen stellen:

i. Wie relevant ist heute noch die Expertise eines Lehrenden oder von Hochschulprofessor*innen im direkten Vergleich mit Google oder den weltweiten Datenbanken?
ii. Wem gehört das Wissen? Diese Frage betrifft heute schon die Genforschung, Landwirtschaft und Gartenbau, Pharma- und Nahrungsmittelforschung.
iii. Wie hoch ist der effektive Wert eines teuer bzw. mühselig erworbenen Wissens, z.B. einer Business School nach dem aktuellen Beschäftigungsbarometer?
iv. Welchen Nutzen haben kosten- und personalintensive Wissenstransferleistungen (Vorlesungen, Sprachkurse, Schulungsprogramme), wenn die Inhalte viel aktueller, effizienter und

---

[8] Remediation ist die Aufhebung der Disintermediation. Statt peer2peer schiebt sich wieder ein Mittler dazwischen, der scheinbar die Direktverbindung und Transaktion zwischen Bedarf und Nachfrage verkürzt, aber durch die Bereitstellung der Kommunikationsstrukturen (MSP) sich multiple Einkommensquellen (Daten, Kommission, Werbung) und die Kontrolle verschafft.

nutzerfreundlicher anders und woanders vermittelt werden können? Teure Schulen und Kurse behalten lediglich ihren Wert zur Sicherung des sozialen Status.

v. Was ist die Kernkompetenz eines Bildungssystems für die Masse? Allgemeingut, Beschäftigungsfähigkeit, Selbstverwirklichung, Chancengleichheit?

vi. Was sind die vorhandenen und angestrebten Kompetenzraster und die User Experience (Benutzererfahrung) für und mit den Selbstlernenden?

vii. Welche Bedeutung haben ausgetretene Fächerkanons - volkswirtschaftlich, kulturell, sozial, wenn Innovationen nicht mehr durch normatives und quantitatives WISSEN, sondern durch Netzwerken zwischen Daten, Menschen und Maschinen zustande kommen?

So wie sie heute noch arbeiten, werden die formalen Bildungsträger allesamt morgen nicht mehr gebraucht. Die Disintermediation in der Aus- und Weiterbildung wird zur Selbstverständlichkeit, denn ab einer bestimmten Kompetenzebene und Reife werden keine Dozierenden, sondern bestenfalls Maieutiker, Mentoren, Coaches gebraucht, die die Lernenden und Arbeitenden auf dem selbstbestimmten Lern-, Denk- und Arbeitsweg begleiten.

3. BESITZER UND BETREIBER DER DIGITALEN REPRODUKTIONSMITTEL

Digitale Technologien wie Open-Source-Soft- und Hardware und Wissen waren zu Beginn kostenlose Rohstoffe und unendlich reproduzierbar. Weil die Entwickler*innen und Wissensproduzierenden aus Überzeugung, oder weil sie die extreme Kommerzialisierung des Wissens ablehnen, umsonst arbeiten und keine Eigentumsrechte beanspruchen, können sie als kreatives Gemeingut und als Geschäftsmodell genutzt werden.

Die einen entwickelten die digitalen Möglichkeiten, ohne die die anderen nicht publizieren, teilen und ... lurken könnten. Ohne die digitalen Überzeugungs-Täter gäbe es 2020 weder die Zettabytes an *Social Data* noch *Big Data*, aus denen andere ihre Geschäftsideen machen.

Die Zahl der Blogs, Newsletter, Magazine, Whitepapers, E-Books steigt ebenso wie die Möglichkeiten der Reproduzierbarkeit von Informationen, Wissen und sonstigen Inhalten. Das bringt ein anderes Verständnis von Wissen, Bildung, Kultur und Allgemeingut mit sich.

**MACH AUS WISSEN IDEEN
UND IDEEN ZU PRODUKTEN + LÖSUNGEN.**

Die Reproduzierbarkeit geht über Text, Bild, Ton hinaus und kehrt zur Materie zurück, denn wichtig ist nicht nur das Was, sondern das Wie, und da bekommen Handwerker*innen, Kunsthandwerker*innen oder bildende Künstler*innen die Möglichkeit zurück, ihre Produktionsmittel wieder selbst zu besitzen und zu betreiben.

In den *Makerspaces* weltweit wird die Software zu Hardware (Margoles 2015) und beide sind zugänglich und attraktiv, als wollten sie durch ihre Benutzerfreundlichkeit den Millionen Privatgelehrten, verborgenen Talenten und Erfinder*innen die Produktion und Reproduktion ihres Wissens und dessen Anwendungen erleichtern.

So wächst das globale Wissensvolumen und damit die Möglichkeit, immer komplexere Informations-Cluster und Wissensquellen abseits der großen Knotenpunkte des Wissensverkehrs zu erschließen. Die Hardware als neue Software der Maker-Generation bündelt handwerkliches Wissen und digitale Kompetenz und öffnet (wie vor zehn Jahren das Desktop-Publishing) unbegrenzte Möglichkeiten, Wissen zu reproduzieren.

Das industrielle Internet der Dinge wird zum Produktionsmittel von Informations-Clustern, die direkt und indirekt weiterverwendet werden können. Das Wissen ist global verstreut, doch die Technologien der Wissensreproduktion konzentrieren es in den Händen einiger weniger, zwischen Shanghai, Silicon Valley und Wall Street.

Immerhin: Im Gegensatz zu den früheren industriellen Revolutionen ist die Konzentration der Produktionsmittel und des Wissens kein unabänderliches Schicksal, zumindest wenn immer mehr Akteure konsequent den Weg der „drei Os" (*Open Source, Open Access, Open Innovation*) beschreiten - allen voran die Bildungsinstitutionen (Pentland 2014).

4. AUFSTIEG DURCH BILDUNG ODER DISRUPTION?

Die vierte industrielle Revolution ist eine Zeit des Umbruchs. Sie nutzt nur jenen, die neue Technologien sofort strategisch einsetzen. In Wissenschaft und Forschung etwa in Form von *Science Slams* (Lederman 2016), als Geschäftsmodell, wie das Mark Zuckerberg (Facebook), Reid Hoffman (LinkedIn), Elon Musk (Tesla, SpaceX & Co.) tun oder aber als unmittelbare Verbindung mit Zielgruppen, wie bei Popstars und Politiker*innen.

Aufstieg durch Bildung bleibt die ambivalente Dialektik, die den Besitzlosen Wohlstand und Sicherheit verspricht, wenn sie den langen Weg durch die Bildungssysteme auf sich nehmen.

Phänomene wie die vielen arbeitslosen Akademiker*innen (Dämon 2016), Wissensarbeiterinnen im permanenten Umbruch (Morey und Veronese 2015) und die *Top Ten* der reichsten Celebrities (Martin, Loudenback und Pipia 2016) wecken allerdings Zweifel am "Mythos Bildung".

Auch die Milliardäre der Kreativindustrie und Web-Ökonomie waren erfolgreich nicht obwohl, sondern weil sie vorzeitig aus dem akademischen Mainstream ausscherten (Vital 2014).

- Steve Jobs war ein früher Aussteiger.
- Elon Musk brach seine PhD-Kurse in Stanford ab und schafft seitdem disruptive Lösungen.
- Jeff Bezos verließ mit 22 die Universität, vernetzte den Handel mit den digitalen Möglichkeiten und entwickelte ein disruptives Geschäftsmodell über den *Long Tail* (Anderson 2009).
- Sebastian Thrun (OK, er war ein Stanford-Prof) erfand alternative Strukturen für eine grenzenlose Weiterbildung und einen globalen Wissenstransfer am Puls der Technologien. Udacity zerstörte wie alle anderen Online-Universitäten zuerst die Zeit- und Raumeinheiten, das von ihnen entwickelte Abhängigkeitsverhältnis und dabei die Hierarchien mit den bürokratischen Kontrollinstanzen im Bildungs- und Wissenstransfer. Bildung mit dem Ziel, Menschen mit Jobs zu matchen, war für sie nur durch Disruption möglich (Corcoran 2016). Ihr Gespür für den Umbruch machte sie erfolgreich. Das Bildungs-Establishment reagiert bis heute entsprechend verschnupft.

Die Meilensteine des „Walk of Fame" der digitalen Revolution sind virtuell, auch wenn sie von erfinderischen Menschen ohne den Willen zu Ruhm und Ansehen gesetzt wurden. Es sind vor allem Wissenschaftler*innen, Forscher*innen, Entwickler*innen und Tüftler*innen, Querdenker*innen, Aussteiger*innen und Idealist*innen, denen die Reproduzierbarkeit des Wissens und die Technologien wichtiger ist als Ruhm und Reichtum. Die *digital heroes* arbeiten ohne Publicity.

- Linus Torvalds (Erfinder von Linux und Entwickler von GitHub) hat viel mehr für die Reproduzierbarkeit des Wissens getan als Steve Jobs. Millionen KMU, Entwickler und Startups verdanken ihm die Open-Source-Software, die sie direkt einsetzen und weiterentwickeln können.
- Matt Mullenweg verhalf mit Wordpress.org etwa 75 Millionen Unternehmen und Kleinst-Publizisten zu kostenlosen Websites und Blogs, hat aber weniger Facebook Follower als Cristiano Ronaldo, Lady Gaga oder der FC Bayern. (In der Zwischenzeit baut auch er aufsetzend auf der Open-Source-Technologie ein erfolgreiches, kommerzielles Unternehmen mit Wordpress.com.)
- Aaron Swartz verteidigte das Ideal der offenen Netzgesellschaft, bis er von seinen Gegnern aus dem MIT in den Selbstmord getrieben wurde.

- Blake Ross ermöglichte Millionen Menschen den freien Internet-Zugang. Ohne die Mozilla Firefox Foundation hätten Google, Safari, AOL und Yahoo bereits ihre Webbrowser zu NASDAQ-Werten gemacht.
- Limor Fried produziert in ihrer New Yorker Maker-Fabrik adafruit Produkte für die Maker-Szene auf Open-Source-Basis, inklusive einer Lern-Show, die sie live via wöchentlichem Hangout anbietet.
- Auch Vitalik Buterin, Ethereum Co-Founder, entwickelte lieber seine eigenen Ideen und Konzepte anstatt Mathematik zu studieren. *„Wozu noch ein Diplom? Was du gerade machst, ist wichtig, nicht was du kannst."*
- Sakashi Nakamoto, der Bitcoin-Erfinder, bleibt weiter ein Name ohne Identität.

Sie sind die eigentlichen Treiber der technologischen Reproduzierbarkeit des Wissens und hätten einen Gedenkstein verdient. Fußballer, Bühnenstars, medienwirksame Hochstapler und prominente Politiker*innen dagegen belegen die ersten hundert Plätze im Celebrity-Ranking der *Social Media*, auf der globalen Drehbühne der Wissensgesellschaft, wo sich das permanente Mashup, die Verbreitung und Vernetzung von Informationen und Wissen abspielt.

Ihre Stars sind Ikonen und Vorbilder nicht etwa der vernetzten Wissensgesellschaft, sondern der Kommunikationsgesellschaft, die mit Bildung und Wissen nicht so viel am Hut hat und die digitalen Technologien auf die virale Kommunikation reduziert. Sprachliche Performance wird dort auf wenige Schlagwörter reduziert und dazu die allzu menschlichen Träume durch physische Werte verbildlicht: Kraft, Schönheit, schnelle Beine, eine gute Stimme, sichtbarer Reichtum, viel Chuzpe und regressiv - und gerade deshalb faszinieren sie die Massen.

Pop-, Medien- und Fußballstars sowie Politiker*innen nutzen die digitalen Technologien und die Web-2.0-Dynamik im Zusammenspiel von viraler und analoger Kommunikation. In Momentaufnahmen kommunizieren sie krude Fakten mit menschlichen Emotionen zwischen Herz und Hose. Casting-Shows für Miss Germany oder The Apprentice in den USA werden zur Alternative eines Bildungssystems, das viele als "Wahnsinn" empfinden (Hoidn-Borchers 2014) und das unter dem Strich die Zahl der Ungebildeten und gebildeten Unzufriedenen erhöht.

Bilder werden plötzlich wieder wichtiger als Bildung (Gallander 2015). Jugendliche sehen hier die „Abkürzung auf dem Weg nach oben", so der Professor für Politikwissenschaft an der Universität Bielefeld, Mathias Albert. Im Paradigmenwechsel der Bildung verkümmern die Wissenschaften zugunsten einer allgemeinen digitalen Verkrüppelung - auch weil das Establishment im Bildungssystem selbst dieser Entwicklung hin zur *Visual Literacy* zu wenig Qualitatives entgegensetzt.

Im Massenverkehr produziert Wissen so nur noch Plagiate und entwertet sich somit von selbst. Das konstatieren auch die Verfechter*innen der Bildungsideale vergangener Zeiten, während sie selbst mitunter kräftig plagiieren (Lenzen-Schulte 2017), wie unter anderem das VroniPlag-Wiki regelmäßig dokumentiert (Dannemann und Weber-Wulff 2015).

Aufstieg durch Wissen ist in der vernetzten Wissensgesellschaft jedenfalls nicht mehr an Bildung und schon gar nicht mehr an Bildungsträger geknüpft. Inzwischen hat auch die Wissenschaft einen kausalen Zusammenhang zwischen Bildungsabschlüssen und Einkommenshöhe verneint (Wagner 2017).

5. BILDUNG UND BESCHÄFTIGUNGSFÄHIGKEIT?

Bildung befähigt den mündigen Bürger in seiner gesellschaftlichen Funktion. Gebildete Menschen können selbst denken, ihr Leben selbstbestimmt organisieren und kritisch sein.

Für die Aufklärung war das ein erstrebenswertes Ideal, für viele Politiker*innen ist es heute eher ein Ärgernis. Doch mit der Beschleunigung einer wissensbasierten Weltwirtschaft ist Bildung nicht mehr als kulturelles und soziales Allgemeingut gefragt, sondern nur noch ihre merkantile Zweckmäßigkeit.

Bildung als Allgemeingut bleibt ein regelmäßiges Thema im Wahlkampf. Worum es jedoch eigentlich gehen müsste, ist die Beschäftigungsfähigkeit über Weiterbildung zu erhalten. Dies ist eine Jahrhundert-Aufgabe. Zumindest solange unsere Gesellschaft rund um das Normalarbeitsverhältnis organisiert ist.

DIE AUSGABENHÖHE BESTIMMT NICHT DIE QUALITÄT DES DEUTSCHEN BILDUNGSSYSTEMS. SIE IST NICHT NACHWEISBAR, DA DIE PARAMETER VOM SYSTEM SELBST BESTIMMT WERDEN. FÜR DEN **TERTIÄREN BEREICH** EXISTIERT **KEINE INTERNATIONAL VERGLEICHENDE UNTERSUCHUNG** MIT DEUTSCHER BETEILIGUNG UND DIE OPERATIONALISIERUNG VON BILDUNGSQUALITÄT.
(Jesco Kreft: Ökonomische Bedeutung von Bildung, 2006)

Wie viel Geld der Staat und die Gesellschaft dafür investieren wollen, wird mittlerweile auch in den reichen Industrieländern zu einem Politikum (Becker 2014), denn die letzten Bildungsreformen hinterließen nur Frustration und Chaos (Wiarda 2017). Trotz unbequemer Nachrichten aus der Wirtschaft und den Unternehmen (Dämon 2016) hält die schrumpfende Mittelschicht weiter an dem Mythos der sicheren Bildungsleiter fest.

Eine alternde Gesellschaft mit schrumpfender Demografie hat andere Probleme als die Dauerbaustelle Bildung. Dabei geht es ihr schon lange nicht mehr um die kulturellen Werte einer humanistischen Bildung, sondern um die optimale Beschäftigungsfähigkeit ihrer Kinder:

MINT (16%) für die Begabten, BWL/VWL für das Mittelmaß (53%), Jura (11%) für die fleißigen Streber*innen. Der Rest verteilt sich über die Geistes- und Sozialwissenschaften, die in der vernetzten Wissensgesellschaft verkümmern, sofern sie sich nicht intrinsisch motiviert in den vernetzten Flow hineinbegeben. Weil sich in vielen Ländern immer mehr Familien die Hochschulausbildung ihrer Kinder nicht mehr leisten können und zudem erkennen, dass Ausbildung keine Kurz- oder Mittelstrecke ist (Fischer und Hergert 2010), bieten immer mehr Bildungsinstitutionen oder entsprechend berufene Unternehmer*innen flexible (Online-)Alternativen an.

Die technologische Reproduzierbarkeit des Wissens, die Möglichkeit es zu fragmentieren, zu vermischen und es dann wieder zu konzentrieren, hat auch eine neue ökonomische Realität geschaffen. Die Zukunft der Wissensarbeit liegt im digitalen Ausbeutungsbetrieb, so der Harvard Professor Jonathan Zittrain, wo sich die Wissensarbeiter*innen künftig gegenseitig unterbieten (Zittrain 2013).

Was ließe sich dem entgegensetzen?

Die ökonomische Notwendigkeit eines hybriden, vernetzten und resilienten Wissens, das sich permanent neu erschafft (und keine Plagiate), um sinnvolle Innovationen anzustoßen, erfordert

- eine hochwertige Grundausbildung in den ersten 15 Lebensjahren, die alle kompetenten Voraussetzungen für den lebenslangen Weiterbildungsweg mit aufbauen hilft,
- offene, agile Infrastrukturen, die alle (potenziellen) Erwerbstätigen ohne bürokratischen Zwang in der permanenten Weiterbildung unterstützen.

6. BILDUNG IST …. VOLKSWIRTSCHAFT

Das allgemeine Bildungsniveau erhöht den kollektiven Mehrwert der Gesellschaft und die Wettbewerbsfähigkeit der Unternehmen. Beispiel Estland:

Estland verdankt seinen ökonomischen Aufschwung einem Bildungssystem, das sich schnell auf die neuen Technologien eingestellt hat und dazu sofort die nötigen Infrastrukturen (nicht nur) in der Bildung und digitalen Vernetzung geschaffen hat (A.A.K. 2013). Grundschüler*innen lernen neben den überlebenswichtigen Fremdsprachen auch die neuen digitalen Sprachen. Coding und Algorithmenlogik gehören zum

Grundverständnis der digitalen Revolution (EduSkills OECD 08:49:56 UTC). Die Videotelefonie-Software Skype , der innovative Webbrowser Mosaic sowie TransferWise, die Alternative im internationalen Zahlungsverkehr, wurden in Estland entwickelt. 14.000 Startups mit systemisch kaskadierenden Geschäftsmodellen kommen und gehen regelmäßig im permanenten Flow. Der Breitbandanschluss in Tallin ist weniger problematisch als im Berliner Umland, in Nordbayern oder in Bremen. In Schulen, Hochschulen, Cafés und offenen Arbeitsräumen braucht es keinen doppelten Zugangsschlüssel, um sich einzuloggen.

Ganz anders hierzulande. Der deutsche Sonderweg im Bildungswesen und die mangelnde Interoperabilität sind nicht neu. Schon vor knapp zehn Jahren hatte das Institut für Wirtschaft in Köln vor einer fatalen Schieflage zwischen abgeschotteten Bildungsträgern und der volkswirtschaftlichen Notwendigkeit gewarnt:

„Damit Deutschland und seine einzelnen Bundesländer im internationalen Wettbewerb nicht ins Hintertreffen geraten, ist es erforderlich, nicht genutzte Bildungspotenziale besser als bislang zu nutzen. Die Versäumnisse bei der Förderung von Bildungspotenzialen verursachen erhebliche Kosten durch Maßnahmen der Nachqualifizierung oder durch notwendige Transferzahlungen." (Quelle: Institut der deutschen Wirtschaft. Köln 2007.)

Gut, das Institut für Wirtschaft ist ordentlich marktradikal und sie konnten fürwahr damals nicht die Dynamik der digitalen Disruption vorhersehen, aber im Kern zeigen sie auf das fundamentale Problem des Bildungssystems: Die fehlende Fähigkeit zur agilen Reform.

Ganz im Gegenteil: Die Universitäten und Hochschulen betrachten den steigenden Andrang weiterhin als Erfolgsmeldung. Zulauf *en masse* bedeutet für sie auch konkret mehr Fördermittel und bestätigt sie als unverzichtbare Platzhirsche im lokalen Wissenstransfer. In vielen Fachbereichen wird weiter gelehrt, ohne sich um den Wandel am Arbeitsmarkt und die Verwertbarkeit des vermittelten Wissens zu sorgen (SPIEGEL ONLINE 2014). Die Industrie 4.0 steht in dieser Hinsicht noch allein auf weiter Strecke - und bestimmt damit sehr einseitig die politische Agenda. Viele KMU und die Behörden sowie die Bildungsträger fahren im Regionalzug weiter (Wallerang 2014).

Das schöne Etikett Bildung 4.0, aufgeklebt auf einzelne Projekte wie einst in NRW oder im BMAS ändert nichts an den Tatsachen:

„Leider ist unser Bildungssystem derzeit nicht in der Lage, Schülerinnen und Schüler auf das digitale Zeitalter vorzubereiten. Ein internationaler Vergleich zeigt: In keiner anderen Industrienation nutzen Lehrpersonen seltener neue Technologien im Unterricht als

in Deutschland. Industrie 4.0, Big Data, Cloud Computing oder das Internet der Dinge – diese Schlagwörter verkommen zu Floskeln, wenn junge Menschen nicht über entsprechende Kompetenzen und Ausstattungen verfügen." VDI-Direktor Ralph Appel (VDI 2016)

Sicherlich, auch das VDI als Industrieverband sucht letztlich nur gut funktionierende Köpfe und Hilfskräfte für ihre Betriebe - und keine kreativen Köpfe wie Elon Musk, die einmal gründlich die gesamte Industriekultur ducheinander wirbeln. Aber solche Typen wie ihn (und all die anderen) produziert das Bildungssystem ja auch nicht.

Volkswirtschaftlich ist das ruinös, denn die Gesellschaft zahlt doppelt und dreifach:
i. Bildungssysteme mit hoher Abbrecherquote (30%) der Generation Z;
ii. Weiterbildungen ohne Kosten-Nutzen-Analyse als Arbeitslosenunterstützung;
iii. Systemische Schwächung der KMU, die dem steigenden Weiterbildungsvolumen nicht mehr folgen können;
iv. Ausbeutung des kreativen Potenzials der Erwerbstätigen, die sich mangels attraktiver öffentlicher Infrastrukturen auch nicht anderweitig adäquat einbringen können.

7. BELGUT - DAS BEDINGUNGSLOSE LERNGUTHABEN

Die vernetzte Wissensgesellschaft verwandelt Informationen in brauchbares Wissen und macht 99% der Beteiligten zu Dauerlernenden, was nicht nur eine Kulturrevolution im Bildungswesen ist, sondern eine Neuordnung der Arbeitsverhältnisse als Teil des gesellschaftlichen Gleichgewichts (epd 2015) verlangt.

Das bedingungslose Lernguthaben (BELGUT) knüpft an die Idee des bedingungslosen Grundeinkommens an (Laurençon und Wagner 2016). Es ist ein bildungspolitisches Finanztransfer-Konzept, nach dem allen Bürger*innen nach Abschluss der Grundausbildung ein lebenslanges Lernguthaben zur Verfügung steht, das sie bei der Aus- und Weiterbildung unterstützt.

Dabei entscheiden sie frei über das Lernumfeld und die Bildungsträger. Darum sollte das lebenslange Lernguthaben bedingungslos sein. Den Lernenden wird so die Kompetenz und die Verantwortung zuerkannt, die Bildungsangebote eigenständig auszusuchen und für ihre Weiterbildung selbstbestimmt zu sorgen.

Bislang entscheiden darüber die Mitarbeiter des Jobcenters, die Personalchefs der Unternehmen oder die lokalen Förderinstanzen. Doch sie können selten die Effizienz eines Bildungsangebots bewerten und den tatsächlichen Bedarf der Lernenden erkennen oder gar beurteilen. Erwerbstätige müssen sich aber zukünftig immer öfter selbst um ihre

Weiterbildung kümmern, möglichst proaktiv und nicht wie bislang hinterlaufend.

BELGUT IST DIE KOLLEKTIVE ZUKUNFTSINVESTITION FÜR MILLIONEN MENSCHEN IM LEBENSLANGEN WEITERLERNEN. BELGUT IST NACHHALTIGER ALS MILLIARDEN BANKENHILFE ....

Das BELGUT unterstützt die nachhaltige Beschäftigungsfähigkeit der Erwerbstätigen, ob als Freischaffende, Mitarbeiter*innen oder Selbst-Entrepreneure. Es ist lediglich an ihre (Weiter-)Bildungsbereitschaft und nicht an ihr Alter oder Status (festangestellt, selbstständig, arbeitslos) gebunden.

Es unterscheidet sich von den bereits bestehenden Weiterbildungsmaßnahmen durch die absolute Entscheidungsfreiheit der Lernenden. Ob das BELGUT aufladbar ist und unter welchen Umständen, wie weit es auch in Arbeitszeiteinheiten und Rente verrechenbar sein soll sowie die steuerlichen und versicherungstechnischen Details, mag von den Sozialpartnern geregelt werden. Wichtig ist der gesellschaftliche Konsens, der z.B. beim bedingungslosen Grundeinkommen noch nicht besteht.

Das BELGUT ergibt sich aus den Veränderungen des Arbeitsmarkts und der ökonomischen Rahmenbedingungen. Immer mehr Erwerbstätige müssen ständig weiterlernen oder in kurzen Zyklen umlernen. Der Staat zieht sich zunehmend aus der Weiterbildung zurück und die Unternehmen bilden immer weniger aus (Käpplinger 2017).

Gleichzeitig steigt die Zahl der privaten Bildungsanbieter, die sich teils durch direkte staatliche Fördermittel (BAA), teils durch indirekte Fördermittel etwa seitens der Gewerkschaften oder Stiftungen oder aber mit kostenpflichtigen Bildungsleistungen finanzieren. Es ist ein halb-öffentlicher wie halb-privater „Wasserkopf" entstanden, der „einer Art rasenden Stillstand" aufgrund verschärfter „Projektitis" gleichkommt und alles andere als kompetente, nachhaltige Strukturen mit aufbauen hilft (ebd.).

Darüber hinaus besteht in weiten Teilen der Forschung weiterhin ein zu starkes Augenmerk auf die formale und non-formale Weiterbildung. Wie weit aber bestehende (non)formale Weiterbildungsangebote den zukünftigen Bedarfen einer zeitgemäßen Kompetenz für das 21. Jahrhundert entsprechen können, ist nicht berechenbar. Die meisten Angebote sind (alte) Fertiggerichte, die weniger der Steuerung der Lernenden unterliegen als den Interessen der Auftraggeber.

„Vor diesem Hintergrund ist eine Trendumkehr in Bezug auf den Rückzug der öffentlichen Mitverantwortung aus der Weiterbildung dringend anzuraten. (...) Wenn ganze Erwachsenengenerationen sich mit massiv veränderten Arbeits- und Lebenswelten auseinandersetzen werden müssen, braucht es eine entsprechende Unterstützung auch im Erwachsenenalter." (Käpplinger 2017)

So braucht es einerseits eine deutliche Aufstockung des gesellschaftlichen Weiterbildungsbudgets (ebd.). Und andererseits wäre das BELGUT aus unserer Sicht eine gerechte Umverteilung des Weiterbildungsanspruchs von einer Bringschuld des Staates hin zu einer Holschuld der Einzelnen.

Jede/r Erwerbstätige muss heute einen individuellen Lernaufwand leisten, wenn sie oder er ein Leben lang durch seine individuelle Leistung an der volkswirtschaftlichen Wertschöpfung teilhaben will. Statt mit der Gießkanne die Erwerbstätigen durch staatlich finanzierte, pauschale Zwangsangebote zu schleifen, braucht es eine Umkehr der individuellen Lern-Motivation von einer extrinsischen in eine intrinsische.

Wie dies jede/r Erwerbstätige dann konkret handhabt, ob nun informell, formell oder non-formell, kann man der selbstbestimmten Kompetenz des Einzelnen überlassen - selbstverständlich flankiert durch weitere infrastrukturelle, unterstützende Maßnahmen des Staates (siehe das folgende Kapitel). Wer sich nicht lebenslang weiterbilden will, dem ist am Arbeitsmarkt des 21. Jahrhunderts nicht länger zu helfen. Die Alternativen dazu wäre Aussteigen, Auswandern oder Hartz IV. Wie dann die Systeme der sozialen Sicherung (insbesondere der Arbeitslosenversicherung und der Grundsicherung) noch greifen, ist eine offene Frage.

Damit ginge auch eine sozialpolitische Umverteilung der Wertschöpfung aufgrund zunehmender Automatisierung und Uberisierung in der Produktion, in Dienstleistung und Handel (Löpfe 2015) einher. *Smart Factories*, *Smart Services* und virtuelle Plattformen erwirtschaften Gewinne mit minimalen Betriebs- und Personalkosten. Eine Umverteilung dieser Gewinne in Form von BELGUT statt Hartz-IV-Maßnahmen nimmt hier alle in die Pflicht: Unternehmen, Staat und Bürger*innen mit Bildungshintergrund.

Das BELGUT bringt noch weitere Vorteile mit sich: Es polarisiert und polemisiert weniger als das bedingungslose Grundeinkommen, für das es noch keine demokratischen Mehrheiten gibt. Das BELGUT jedoch entspräche einer zeitgerechten Wahrnehmung der Fakten:

- ☐ Die staatlichen Bildungsträger entlassen Millionen Ausgebildete in die freie Wirtschaft, obwohl heute die Ausbildung nie AUS, sondern vielmehr der Anfang eines lebenslangen Weiterbildungswegs ist.
- ☐ Die Bildungsträger mit ausbildenden Inhalten arbeiten mit einer Ausschussquote von etwa 35%, für die es viele Gründe, doch keine ökonomische Gegenleistung gibt.

- Viele Studiengänge bereiten nicht mehr auf einen Job vor und schon gar nicht auf den langen Marsch durch die sich wandelnden Zyklen des Arbeitsmarktes.
- Der Weiterbildungsaufwand geht zunehmend auf die KMU über, die die lebenslange Weiterbildung ihrer Mitarbeiter*innen in ihre Kosten-Nutzen-Rechnung einbinden müssen. (Auch wenn sie damit im ersten Schritt überfordert scheinen, ist vor allem das verfügbare Zeitbudget mitzukalkulieren.)
- Die ständige Weiterbildungs-Pflicht kann nicht allein von den Arbeitnehmer*innen getragen werden, denn das wäre nicht nur eine zusätzliche Belastung ihrer Lebens- und Arbeitszeit, sondern auch ein finanzieller Aufwand. Das Bildungs-Business (s.o.) wartet schon im Hintergrund und schätzt die riesigen Gewinnchancen (McCorvey und McCorvey 2014).

Fassen wir kurz zusammen: Statt Millionen pro Jahr für akademische Nischen und Heißluftballons zu verschwenden, wäre das BELGUT die Einbeziehung des mündigen Bürgers in die Gestaltung und Organisation seines eigenen Bildungsweges: Es wäre der kompetente Einstieg in das gesellschaftlich gewollte und persönlich sinnvolle, selbstbestimmte Lernmanagement in vernetzten Strukturen!

Das BELGUT wäre somit der gemeinnützige Realismus in einer vernetzten Wissensgesellschaft, wo alle Wissensinhalte von ihren Treibern zunächst auf ihre ökonomische Verwertbarkeit sortiert werden.

Das BELGUT wäre auch ein neuer Sozialvertrag, denn Kreativität ist nur ein anderer Begriff für ökonomische Wertschöpfung. Das BELGUT könnte zunehmend eine neue kulturelle Unterschicht unterstützen, die ihrer Ausgrenzung (Hagelüken 2016) nur durch intellektuelle Selbsthilfe (wie einst die Arbeiterbildung) entgegenwirken kann und dafür Zeit und (begrenzte) Mittel braucht, um aus dem weltweiten Wissensfluss alternative Wertschöpfungsmodelle zu entwickeln.

Ohne ein BELGUT ...
- wächst das Wissensproletariat in den nächsten Jahren exponentiell mit gleichzeitigem Anstieg der sozialen und politischen Spannungen;
- verschärft sich die Polarisierung auf dem Arbeitsmarkt: immer mehr Verlierer*innen durch die Automatisierung und eine schwindende Zahl von Gewinnern der Globalisierung und Industrie 4.0;
- wird der Übergang zu einer digitalen Gesellschaft und den systemisch kaskadierenden Geschäftsmodellen der neuen ökonomischen Bereiche problematisch, weil den Menschen die Kompetenz für das Verständnis der digitalen Revolution fehlt;
- werden Millionen Arbeitnehmer*innen im lebenslangen Lernen und

Arbeiten dem Bildungs-Business ausgeliefert, dem sie nebenbei ihre sozialen und professionellen Daten frei überlassen; was volkswirtschaftlich kontraproduktiv und gefährlich ist;
- verschlimmert sich das Weiterbildungs-Dilemma der kleinen und mittelständischen Unternehmen, die für eine skalierbare und flexible Weiterbildung viel mehr Freiräume brauchen;
- gibt es kein kreatives und innovatives Prototyping in der Weiterbildung, weil die beiden Hauptzielgruppen diesen permanenten Prozess nicht langfristig schaffen können.

Doch ohne dieses Prototyping, d.h. das ständige Ausprobieren aller verfügbaren Lösungen und Mittel mit direkter Einbindung der UX (User Experience) ist Bildung 4.0 weder innovativ noch kreativ, sondern lediglich das faule Aufwärmen der Fertiggerichte. Prototyping verlangt Risikobereitschaft der Nutzer*innen. Auch dafür braucht es ein BELGUT.[9]

LITERATUR

A.A.K. 2013. „How did Estonia become a leader in technology?" The Economist. Abgerufen Juli 20, 2017 (https://www.economist.com/blogs/economist-explains/2013/07/economist-explains-21).

Anderson. 2009. „The Long Tail: Nischenprodukte statt Massenmarkt Das Geschäft der Zukunft". Abgerufen Juli 20, 2017 (https://www.amazon.de/Long-Tail-Nischenprodukte-Massenmarkt-Gesch%C3%A4ft/dp/3423345314/ref=sr_1_1?ie=UTF8&qid=1500572254&sr=8-1&keywords=Long+Tail.+Chris+Anderson).

Becker, Lisa. 2014. „Volkes Stimme: Deutsche sind für und gegen mehr Geld für Bildung". Frankfurter Allgemeine Zeitung, September 16 Abgerufen Juli 20, 2017 (http://www.faz.net/aktuell/beruf-chance/campus/volkes-stimme-deutsche-sind-fuer-und-gegen-mehr-geld-fuer-bildung-13154996.html).

BMAS. 2016. „Weißbuch Arbeiten 4.0". www.bmas.de. Abgerufen (http://www.bmas.de/DE/Service/Medien/Publikationen/a883-weissbuch.html).

Bürk, Philipp, Alexander Kaiser, und Lukas Werb. 2016. „École 42 -

---

[9] Inzwischen hat es übrigens das BELGUT in Form des „persönlichen Erwerbstätigenkontos" in das Weißbuch Arbeiten 4.0 des Bundesministeriums für Arbeit & Soziales geschafft (BMAS 2016) sowie als "Chancenkonto" in das Wahlprogramm der SPD anlässlich der Bundestagswahl 2017 (Schulz 2017). [DISCLAIMER: Wir, die Autorinnen, sind parteilos!]

Schule der Zukunft?" Hochschulforum Digitalisierung. Abgerufen (https://hochschulforumdigitalisierung.de/de/blog/ecole-42-schule-zukunft).

Corcoran, Betsy. 2016. „What Sebastian Thrun Has Learned at Udacity - EdSurge News". EdSurge. Abgerufen (https://www.edsurge.com/news/2016-04-25-what-sebastian-thrun-has-learned-at-udacity).

Dämon. 2016. „Akademiker-Schwemme: ‚Wir haben keine Jobs für all die Akademiker'". Wirtschaftswoche. Abgerufen Juli 20, 2017 (http://www.wiwo.de/erfolg/jobsuche/akademiker-schwemme-wir-haben-keine-jobs-fuer-all-die-akademiker/13399740.html).

Dannemann, Gerhard, und Debora Weber-Wulff. 2015. „Universitäten klären unwillig über Plagiate auf". Der Tagesspiegel Online, April 15 Abgerufen Juli 20, 2017 (http://www.tagesspiegel.de/wissen/plagiate-in-der-wissenschaft-universitaeten-klaeren-unwillig-ueber-plagiate-auf/11635876.html).

dpa. 2016. „Sanierungsstau an Schulen: Landkreise wollen Geld vom Bund nicht annehmen". Spiegel Online, Dezember 27 Abgerufen Juli 20, 2017 (http://www.spiegel.de/politik/deutschland/marode-schulen-landkreise-wollen-milliarden-vom-bund-nicht-a-1127578.html).

EduSkills OECD. 08:49:56 UTC. „Education Information Systems - Estonia". Abgerufen Juli 20, 2017 (https://www.slideshare.net/OECDEDU/education-information-systems-estonia).

epd. 2015. „Boom auf dem Arbeitsmarkt geht an vielen vorbei". Der Tagesspiegel Online, Oktober 9 Abgerufen Juli 20, 2017 (http://www.tagesspiegel.de/wirtschaft/schrumpfende-mittelschicht-boom-auf-dem-arbeitsmarkt-geht-an-vielen-vorbei/12430678.html).

Fischer, Konrad, und Stefani Hergert. 2010. „Private Hochschulen: Bildung lohnt sich nicht - karriere.de". Abgerufen Juli 20, 2017 (http://www.karriere.de/studium/bildung-lohnt-sich-nicht-10006/).

Gallander, Sebastian. 2015. „Politische Bildung - Jugendliche verkommen zu politischen Analphabeten | Cicero Online". Cicero Online. Abgerufen Juli 20, 2017 (http://cicero.de/kultur/politische-bildung-jugendliche-verkommen-zu-politischen-analphabeten/59054).

Hagelüken, Alexander. 2016. „Zukunft der Arbeit: Der Mensch schafft sich ab - Wirtschaft - Süddeutsche.de". Abgerufen Juli 20, 2017 (http://www.sueddeutsche.de/wirtschaft/zukunft-der-arbeit-der-mensch-schafft-sich-ab-1.3297804).

Hoidn-Borchers, Andreas. 2014. „Deutsches Schulsystem: Schule? Wahnsinn!" STERN.de. Abgerufen Juli 20, 2017 (http://www.stern.de/familie/familienbande/schule/deutsches-schulsystem-schule--wahnsinn--3691990.html).

Kirsner, Scott. 2016. „Uber for MBAs is a worrying sign for knowledge workers everywhere - The Boston Globe". BostonGlobe.com. Abgerufen (https://www.bostonglobe.com/business/technology/2016/04/15/uber-for-mbas-worrying-sign-for-knowledge-workers-everywhere/BJqxdFyeoM4f4giMzmSZSO/story.html).

Laurençon, Angelica, und Anja C. Wagner. 2016. „#Belgut – das bedingungslose Lernguthaben". FLOWCAMPUS. Abgerufen (http://flowcampus.com/input/belgut-das-bedingungslose-lernguthaben/).

Lederman, Jason. 2016. „Science Slams Could Be The Future Of Communicating Research | Popular Science". Abgerufen Juli 20, 2017 (http://www.popsci.com/science-slams-could-be-future-communicating-research).

Lenzen-Schulte, Martina. 2017. „Plagiate in der Wissenschaft: Hängt sie höher". Frankfurter Allgemeine Zeitung, Januar 12 Abgerufen Juli 20, 2017 (http://www.faz.net/aktuell/wissen/medizin-ernaehrung/plagiate-in-der-wissenschaft-haengt-die-diebe-hoeher-14602306.html).

Lindner, Konrad. 2016. „SWR2 Wissen: Thomas S. Kuhn: Die Struktur wissenschaftlicher Revolutionen | Wissen | SWR2". swr.online. Abgerufen (https://www.swr.de/swr2/programm/sendungen/wissen/thomas-s-kuhn-struktur-wissenschaftlicher-revolutionen/-/id=660374/did=17211854/nid=660374/108pjhn/index.html).

Löpfe, Philipp. 2015. „Die uberisierte Gesellschaft". watson.ch. Abgerufen (http://www.watson.ch/!824166353).

Löw, Martina. 2006. Einführung in die Soziologie der Bildung und Erziehung. Opladen & Farmington Hills: Barbara Budrich.

Margoles, Ryan. 2015. „6 Reasons Hardware Is The New Software". TechCrunch. Abgerufen (http://social.techcrunch.com/gallery/6-reasons-hardware-is-the-new-software/).

Martin, Emmie, Tanza Loudenback, und Alexa Pipia. 2016. „The 20 richest celebrities in the world". Business Insider France. Abgerufen (http://www.businessinsider.fr/us/richest-celebrities-in-the-world-2016-8/).

McCorvey, J. J., und J. J. McCorvey. 2014. „The World's Top 10 Most Innovative Companies In Education". Fast Company. Abgerufen (https://www.fastcompany.com/3026328/the-worlds top-10-most-innovative-companies-in-education).

McLuhan, Marshall. 1964. Understanding Media -The Extensions of Man by Marshall McLuhan . New American Library.

Morey, Timothy, und Roberto Veronese. 2015. „Knowledge Workers Need an Industrial Revolution". frog. Abgerufen (http://designmind.frogdesign.com/2015/03/knowledge-workers-need-an-industrial-revolution/).

Pentland, Alex. 2014a. „Can We Use Big Data to Make Society Better?" SPIEGEL ONLINE, Mai 26 Abgerufen Juli 20, 2017 (http://www.spiegel.de/international/zeitgeist/scientist-alex-pentland-argues-big-data-can-be-used-to-improve-society-a-970443.html).

Pentland, Alex. 2014b. „REINVENTING SOCIETY IN THE WAKE OF BIG DATA | Edge.org". Abgerufen Juli 20, 2017 (https://www.edge.org/conversation/alex_sandy_pentland-reinventing-society-in-the-wake-of-big-data).

Poole, Steven. 2012. „Makers: The New Industrial Revolution by Chris Anderson - review | Books | The Guardian". Abgerufen Juli 20, 2017 (https://www.theguardian.com/books/2012/dec/07/makers-chris-anderson-review).

Rizvi, Fazal. 2016. „Privatization in Education: Trends and Consequences". Abgerufen Juli 20, 2017 (http://unesdoc.unesco.org/images/0024/002464/246485E.pdf).

Scherkamp, Hannah. 2017. „Neue Universität für Techies erhält Millionen von Szenegrößen". Gründerszene Magazin. Abgerufen (https://www.gruenderszene.de/allgemein/code-university-thomas-bachem-millionen).

Schulz, Martin. 2017. „10 Ziele für das moderne Deutschland". Martin Schulz. Abgerufen (https://martinschulz.de/zukunftsplan/).

SPIEGEL ONLINE. 2014. „Lehrpläne von VWL-Studenten: ‚Wir lernen Theorien, die nicht stimmen'". Abgerufen Juli 20, 2017 (http://www.spiegel.de/forum/lebenundlernen/lehrplaene-von-vwl-studenten-wir-lernen-theorien-die-nicht-stimmen-thread-126120-1.html).

VDI. 2016. „Keine Industrie 4.0 ohne Bildung 4.0". Verein Deutscher Ingenieure e.V. Abgerufen (/technik/artikel/keine-industrie-40-ohne-bildung-40/).

Vedder, Richard K. 2014. „Congrats on That Diploma. You May Not Need It. - Bloomberg". Abgerufen Juli 20, 2017 (https://www.bloomberg.com/view/articles/2014-05-25/congrats-on-that-diploma-you-may-not-need-it).

Vital, Anna. 2014. „Famous Entrepreneurs Who Dropped Out Of College - Infographic". Funders and Founders. Abgerufen (http://fundersandfounders.com/entrepreneurs-who-dropped-out/).

Wagner, Anja C. 2017. „The NeWoS - NEW WORK FLOWS für KMU". Abgerufen (http://eepurl.com/cVYDXb).

Wagner, Anja C. 2012. „UEBERFLOW. GESTALTUNGSSPIELRÄUME FÜR GLOBALE BILDUNG". Kassel: Kassel Abgerufen Juli 20, 2017 (https://kobra.bibliothek.uni-kassel.de/handle/urn:nbn:de:hebis:34-2012031540919).

Wallerang, Lars. 2014. „Im Studium steht Industrie 4.0 erst am Anfang". vdi-nachrichten.com. Abgerufen (http://www.vdi-nachrichten.com/Management-Karriere/Im-Studium-steht-Industrie-40-am-Anfang).

Wiarda, Jan-Martin. 2017. „DAAD-Experte im Interview: ‚Das Chaos kommt erst noch'". Die Zeit, Mai 23 Abgerufen Juli 20, 2017 (http://www.zeit.de/2010/08/C-Interview-Bologna).

Zittrain, Jonathan. 2013. Minds for Sale - Video. Abgerufen (http://bigthink.com/videos/minds-for-sale).

KAPITEL 5

MITTEN IM WISSENSWETTBEWERB

Die vierte industrielle Revolution macht Millionen Menschen zu Teilgeber*innen im globalen Wissensverkehr. „Teilgeber", so nennt man neuerdings aktive Teilnehmer an modernen, partizipativen Bildungsformaten. Man kann heute nicht mehr passiv teilnehmen, weil aktuelles Wissen erst im Diskurs aktiv generiert wird. So werden aus „Teilnehmer*innen" so genannte „Teilgeber*innen". Dieser Switch ist eines der zentralen Kennzeichen der vernetzten Wissensgesellschaft - und damit auch der aktuellen Ökonomie mit einem sich verändernden Arbeitsbegriff.

Ein weiteres Kennzeichen ist nämlich die beschleunigte Quervernetzung von Wissen durch Maschinen und Menschen. Diese Quervernetzung kann sich auch in offenen Strukturen bilden: In KMU, Handwerksbetrieben, MakerSpaces, Internet-Communities mit direkter Anbindung zu den

Nutzer*innen und den Dienstleistern. Hier entstehen idealerweise aus angewandtem Wissen neue Produkte als Lösungen mit einem Mehrwert. Für Menschen, die sich aktiv an diesem globalen Wissensverkehr beteiligen, kann daraus ein möglicher Vorsprung für eine gewisse Zeit entstehen. Und sie aus den Gefahren der fluiden Anstellungsverhältnisse befreien.

1. ZEITGENOSSEN IM WISSENSFLOW

Kreativität durch Vernetzung, Innovation durch Querverbindungen und die Beschleunigung des Wissensflows sind also zentrale Kennzeichen der digitalen Transformation, die all unsere gesellschaftlichen Bereiche grundlegend verändern wird.

Als die EU-Politiker 2000 die Lissabonner Verträge unterzeichneten, war darin auch von einer multipolaren Wissensgesellschaft die Rede, das heißt: Weiterbildung und berufsbegleitendes Lernen sollten bis 2010 allen Bürger*innen die Ressourcen bereitstellen, um sich selbstbestimmt an der Wertschöpfung der digitalen Revolution zu beteiligen. Die institutionellen Bildungsträger sollten mit Unternehmen *Public Private Partnerships* (PPP) eingehen. Dafür wollten die Staaten Milliarden bereitstellen. Bis 2008 wäre es noch machbar und finanzierbar gewesen – danach wurden die Milliarden in die Bankenrettung investiert. Inzwischen haben die meisten Länder andere Sorgen.

Zum Glück bot das Web 2.0 mittlerweile bessere Möglichkeiten für den globalen Wissensaustausch. Zum Glück für die Volkswirtschaften und damit für die Menschen.

Wer bringt doch das aktuelle Wissen direkt in den volkswirtschaftlichen Kreislauf? Das sind die Wissenschaftler*innen, Entwickler*innen, Erfinder*innen, die kreative Klasse - und 3,6 Millionen Unternehmen alleine in Deutschland. Davon sind 98% kleine und mittlere Unternehmen, die immer noch 16,4 Millionen Mitarbeiter*innen beschäftigen, etwa 58% der offiziellen Erwerbstätigen (IfM Bonn 2016).[10]

Der unmittelbare, agile, vernetzte Austausch des aktuell fließenden, produktiv verwertbaren Wissens in Wissenschaft, Forschung, Zivilgesellschaft und Unternehmen wäre also die zeitgerechte und volkswirtschaftliche Lösung. Dies müsste auf staatlicher Seite mit attraktiven Anreizsystemen abgesichert sein. So blieben auch mehr Gewinne vor Ort.

---

[10] In der offiziellen Erwerbstätigen-Statistik werden nur die sozialversicherungspflichtigen Angestellten, Arbeitslosen und Selbstständigen angeführt, nicht aber all diejenigen, die sich in einer offiziellen Aus- oder Weiterbildungsschleife befinden, in den Vorruhestand gegangen sind oder als Familienangehörige mitgeschleppt werden. Ganz abgesehen von der massiven Schattenökonomie ...

Doch unmittelbarer Wissensaustausch in einem Prozess, der Bildung und Arbeit vernetzt, fordert von allen eine doppelte Anstrengung: Beständig neue Modelle zu erfinden, sie als Prototypen in der Entwicklung auszutesten und in den globalen Wissensfluss wieder hineinzugeben.

Hier brächte eine online-basierte Zusammenarbeit zwischen den 3,6 Millionen KMU und einem reformierten Bildungssystem quer zu den bestehenden Berufsschulen, Fachhochschulen, Hochschulen, Berufsberatung einerseits, dem Bildungs-Business und den zivilgesellschaftlichen Initiativen andererseits eine unkomplizierte und unbürokratische Sofortlösung - sofern man den Konkurrenzdruck der Institutionen überwinden konnte. Auch dazu wäre das bedingungslose Lernguthaben (BELGUT) hilfreich, um die Anreize in die Hände der Kunden, der User, der „Lernenden" zu legen (Laurençon und Wagner 2016).

Aber wie wissen die Menschen, in welche Richtung sie ihre Persönlichkeit im Sinne einer nachhaltigen Volkswirtschaft weiterentwickeln sollen? Dazu gibt es erste Ansätze einer innovativen Infrastruktur, die nur auf die konstruktive Weiterverarbeitung warten.

Zum Beispiel könnte ein interaktives Jobbarometer viele Prognosen sichtbar machen und manche falsche Vorstellungen sozusagen tagesaktuell korrigieren. Es könnte sogar Fehlinvestitionen in Weiterbildung oder die Verschwendung von Fördermitteln rechtzeitig transparent machen. Wie ginge das?

Man nehme z.B die diversen Studienergebnisse rund um Arbeiten 4.0, angefangen bei der Oxford-Studie „Future of Employment" (Frey und Osborne 2013), zusammen mit anderen, auch deutschen Prognosen, wie sie z.B. im Weißbuch Arbeiten 4.0 angeführt wurden (BMAS 2016), und rechne einige Eckpunkte in Echtzeit hoch:

i. Was können schon heute Hard- und Software und künstliche Intelligenz? Wie viele Jobprofile sind davon potenziell betroffen? In welchen Berufsgruppen finden tagesaktuell bereits welche Entwicklungen statt (Vester und Weber-Menges 2014)?
ii. Welche konkreten Fähigkeiten können diese Entwicklungen gut ergänzen oder gar ersetzen, z.B. bei den Handwerker*innen, Landwirten, Weinbäuerinnen und Medizinern, Forscher*innen oder Dozierenden?
iii. Wie stark wird die Entwicklung von der Nachfrage in Industrie und Dienstleistung bestimmt? Zum Beispiel sind Rechtsabteilungen in Konzernen und Anwaltskanzleien an juristischen Forschungsdatenbanken höchst interessiert (Forbes 2017). Krankenversicherungen investieren lieber in künstliche Intelligenz, etwa in eine mobile Gesundheits-App, als in Arztpraxen in ländlichen Gegenden (Murgia 2016).

Aus der Analyse dieser Daten könnte ein erstes Jobbarometer mit einer Skala von 1-6 entstehen. Ein solches Jobbarometer ermöglicht den Erwerbstätigen wie den Unternehmen, proaktive Weiterbildungen zu planen, bei Einstellungen oder Job-Ausschreibungen genauer hinzuschauen und sich intensiver mit der aktuellen Kompetenz und den Bedarfen am Markt zu befassen.

JOBBAROMETER 2020

●	Gefahr von künstlicher Intelligenz & reproduzierbarem Wissen
●	Kollaboration mit künstlicher Intelligenz vonnöten. Anpassung erforderlich!
●	In der Endphase. Neu ausrichten!
●	In Entwicklung, Testphase. Sei wachsam!
●	Hohe mittelfristige, lokale/globale Bedarfsquote
●	Ständiger Bedarf. Sichere Jobchancen!

Künftig bekämen mit einem solchen Jobbarometer alle berufsausbildenden Module und auch die aktuellen Berufsbilder einen dieser bunten Punkte. Ähnlich dem Fett-, Zucker- und Chemiebarometer bei Nahrungsmitteln, das die EU seit Jahren verspricht, das allerdings von den aktiven Lobbyisten der Agrarindustrie bislang geschickt verhindert wurde. Doch im Gegensatz zur Nahrungsmittelindustrie bräuchte es keine Kommissionen, Richtlinien und Bestimmungen. Auch die Macht der Lobbyisten fiele weg ... zumindest theoretisch.[11]

Ein gemeinsamer politischer Wille, ein von Zusammenarbeit und Austausch geprägtes Denken und Arbeiten wären grundsätzlich ausreichend. Eine ausgewogene Jury aus etablierten Bildungsanbietern, EdTech-Unternehmen, Dienstleistern und Bildungs-Zivilgesellschaft müsste sich offen austauschen und gemeinsam transformative Lösungen suchen. Gut, das klingt idealistisch ... und ist es auch. Die Software zur Umsetzung wäre das geringste Problem. Die gäbe es frei im Netz.

Um es einmal durchzuspielen: Interaktive Infografiken, die in Echtzeit alle Bau- und Schnittstellen aufzeigen, könnten die vielfältige Weiterbildungs-Landschaft sichtbarer machen. Damit würden sich auch die diversen Schulen (von Fach-, Berufs-, Hoch- bis hin zur Volkshochschule) den Realitäten des Arbeitsmarktes und den Möglichkeiten der Zukunftstechnologien öffnen. Sie könnten dabei offene, kollaborativ sich ergänzende Räume schaffen, und zwar sowohl analog als auch virtuell.

Solche bürokratiefreien, regionalen Innovations-Hubs - von denen es übrigens weltweit schon einige gibt - können auch Weiterbildende und Auszubildende nutzen. IT-Entwickler*innen, Kreativ- und Medienschaffende könnten gemeinsam mit Dozierenden ihr Wissen auf den letzten Stand bringen und idealerweise Open-Source-Soft- wie Hardware gemeinsam testen und verbessern. Sie könnten sogar EdTech-Ausgründungen gemeinsam unterstützen. (Das ist keine Utopie, sondern eine mögliche Realität. Sie ist nur ungleich gegenwärtig.)

Eine interaktive Landkarte könnte alle Prototypen vor Ort sichtbar machen, bei denen jeder allen anderen über die Schulter schauen kann. Eine solche interaktive Infografik von Bildung und Arbeit 4.0 könnte etwa nach dem Beispiel der norwegischen Startup-Landschaft mit einer speziellen Software (RepresentLA) erstellt werden (Brown 2012).

---

[11] Hochschulen gelten in den USA zu den größten Lobby-Gruppen (Bever 2012) - es wird sich in D-A-CH nicht viel anders verhalten.

Vielleicht existieren auch andere technologische Entwicklungen, die man im Open Government-Verfahren miteinander verknüpfen könnte?! Nur bitte bloß kein weiteres technologisches Großprojekt starten, das angesichts der technologischen Dynamik zwangsläufig im Chaos münden muss. Wichtig wäre dagegen eine agile, leichtfüßige Entwicklung und die dahinter liegende Datenbank, die klar strukturiert und offen zugänglich sein muss, damit darauf aufsetzend vielfältige Anwendungen entwickelt werden könnten.

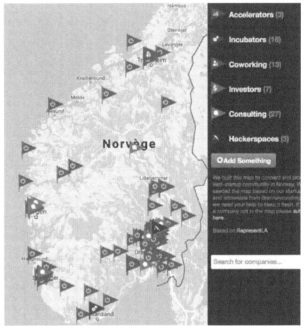

Die Millionen KMU und Erwerbstätigen hätten so eine gemeinsame Plattform, auf der das direkte Feedback aus der Praxis eingeht und von anderen erweitert, geteilt oder ganz einfach übernommen werden kann. So wäre es, sagen wir, für die Handwerkskammer Aurich hilfreich, sofort und kostengünstig an innovative Weiterbildungsmöglichkeiten oder Andockstellen in anderen Ländern heranzukommen, ohne auf dem langen Weg durch die Institutionen Zeit, Energie und Geld zu verlieren.

Zumindest in der Übergangszeit wäre dies ein sinnvoller Weg, bis das Normalarbeitsverhältnis als leitendes sozialpolitisches Instrument abgelöst wird durch moderne gesamtgesellschaftliche Steuerungsinstrumente, die es den Einzelnen auch ermöglichen, sich freier und selbstbestimmter mit den eigenen Potenzialen zu beschäftigen.

Ein anderes, systemisch integriertes Bildungsangebot für die Weiterbildung von Erwerbstätigen baut z.B. LinkedIn seit Jahren auf. Jenseits ihres sozialen Netzwerks entwickeln sie zwischenzeitlich auch Bildungsmodule als Geschäftsmodelle, die sowohl betriebsgebunden angeboten als auch individualisiert angepasst werden können über das abgebildete E-Portfolio. LinkedIn hat dazu schon Slideshare.net, Lynda.com, Coursera.com aufgekauft, hat sich selbst wiederum von Microsoft aufkaufen lassen und wird vermutlich auch Alison schlucken, sobald sich deren Geschäftsmodell als rentabel und nachhaltig erweist.

Damit entsteht hier ein globaler Player, der in Echtzeit Jobprofile und Personenprofile matchen und ggf. mit Empfehlungen für zeitgemäße Weiterbildungen versehen kann. Ein gigantisches Unterfangen, das weit über das oben beschriebene Jobbarometer hinausgeht. Mithilfe lernender Algorithmen werden Strategien entwickelt, wie man einzelnen Personen individuelle Empfehlungen für die optimale Weiterentwicklung an die Hand geben kann, damit sie am Arbeitsplatz erfolgreich sind.

Ähnliches bereitet derzeit Google mit seiner Job-Suchmaschine vor, die quer über sämtliche Stellen-Websites alle verfügbaren offenen Stellen sammeln - und diese bald personalisiert präsentieren will (ähnlich wie Google AdWords) (Weinberger 2017). In Frankreich unterstützt Google zudem das innovative Bob-Emploi-Experiment, das auf den Datenbanken der Jobcenter aufsetzt und den Arbeitsuchenden die Informationen direkt per Mobile App an die Hand gibt.[12]

Diese Angebote werden dank der fortschreitenden Maschinen-Intelligenz immer passgenauer ausfallen. Sicherlich, dazu ist die Öffnung von Daten-Schnittstellen erforderlich - nicht allen Menschen gefällt dies, erst recht nicht in Deutschland. Aber es ist ein Weg, sich in Zeiten der global vernetzten Wissensgesellschaft am Arbeitsmarkt zeitgemäß zu platzieren. Und andere Kulturen gehen diesen Weg freudig mit.

Ob man sich als Staat allerdings von solch privaten Anbietern abhängig machen will, sei dahingestellt. Eine öffentliche Open-Source-Datenbank zur Absicherung der Bedarfe und Potenziale als Backup wäre sicherlich eine empfehlenswerte Idee.

2. KOMPETENZ FÜR DAS 21. JAHRHUNDERT

Vom Institut für die Zukunft (IFTF) in Palo Alto, USA, stammt eine Übersicht zu den Future Work Skills 2020 (IFTF 2011). Wir haben die ursprüngliche Infografik hier in eine Tabelle überführt und übersetzt, sofern es möglich war.

---

[12] Zu Bob siehe unseren Artikel im Zukunft-der-Arbeit-Blog:
https://www.zukunftderarbeit.de/2017/10/20/bob-der-persoenliche-jobcoach-in-frankreich/

NEUES WISSEN	10 ZUKUNFTSFÄHIGKEITEN	
Know-how, Skills mit immer kürzeren Laufzeiten = Lebenslanges Lernen ist Teil des Arbeitslebens	*Selbstorganisiertes Arbeiten + Lernen*	*Kognitive Belastbarkeit*
Digitale Kanäle & Netzwerke erfordern eine skalierbare Netzkompetenz	*Digital Literacy*	*Sinnstiftung*
Computer-Systeme verwandeln viele Bereiche in programmierbare Micro-Module	*Computational Thinking*	*Transdisziplinarität*
Global vernetzte Märkte + hyperstrukturierte Firmen + transversale Wertschöpfungsketten	*Cross-Cultural Mindset*	*Design Mindset*
Smart Machines & Systems: Roboter + Software übernehmen Routine-Aufgaben	*Social Intelligence*	*Querdenken*

In der Grafik wie auch hier in der Tabelle werden erforderliche neue Fähigkeiten den verschiedenen Wissensbereichen und kommenden globalen Veränderungen zugeordnet. Diese Fähigkeiten ersetzen nicht die bisherigen Grundfertigkeiten wie die sozialen Skills oder die Alphabetisierung. Vielmehr erweitern sie die bisherigen.

Was haben die 10 Zukunftsfähigkeiten gemeinsam?

Keine von diesen zehn neuen Fähigkeiten knüpft an die bisherigen

Bildungs- und Arbeitsstrukturen an. Alle erfordern seitens der Lernenden eine nachhaltige Beschäftigung mit den verschiedenen Facetten der globalen, vernetzten Wissensgesellschaft. Dazu gehört auch die Motivation, anders zu lernen und zu arbeiten. Nur, wie macht man das, wenn man es nicht gelernt hat? Dies ist für viele Menschen ein erstmaliges Lernexperiment.

Die jungen „Wilden" mit vielfältiger Online-Spiel-Erfahrung sind ihnen da prinzipiell voraus - sie haben viele der vom IFTF empfohlenen Fähigkeiten informell nebenbei in ihren Spielen gelernt (Wagner 2006). Diese prinzipiell vorhandenen Fähigkeiten jetzt aber in tagesaktuelle Kompetenz zu übersetzen, fällt den Jungen oftmals schwer, denn auch sie sind im kulturellen Mindset des 20. Jahrhunderts sozialisiert worden (Jenkins 2009).

Heute müssen sie aber ihre Voraussetzungen für eine zeitgemäße Kompetenz mit je aktuellem Fachwissen und Netzwerken verbinden. Dazu noch sollen sie in der Lage sein, Bildung 4.0 und Arbeit 4.0 als Einheit zu begreifen.

Um das zu lernen, müssen erst Prototypen entwickelt werden, wie es z.B. auch Jane Hart für ein modernes Arbeitsplatz-Lernen anbietet (Sunder Ramachandran 2016). Eine schöne Aufgabe für kreative Bildungspioniere, die genauso vorgehen können, wie Entwickler*innen und Erfinder*innen der digitalen Technologien.[13]

Aber ist es mit der Entwicklung loser Prototypen getan? Natürlich nicht. Was also wäre bildungspolitisch anzugehen?

i. Das Bildungs-Establishment müsste zunächst radikal umgebaut werden, um Menschen möglichst frühzeitig für das vernetzte Lernen-zu-Lernen zu befähigen. Die Herausforderung besteht hier vor allem im notwendigen Generationen-Sprung, der zunächst die alte, „unvernetzte Generation" (Stifterverband 2014) erreichen muss, um möglichst schnell innerhalb bestehender Strukturen zeitgemäße Unterstützungsleistungen aufbauen zu helfen. Erst dann werden sie jungen Menschen in Ergänzung zu deren informell erworbener Digital-Kompetenz eine weitere Stütze sein können.

ii. Das Bildungs-Business fokussiert in Deutschland derzeit noch sehr stark auf die Unterstützung bzw. den Ersatz des Bildungs-Establishments - und reproduziert damit dessen systemische Fehler. Nur indem aber autonome Subjekte ihre individuelle Kreativität der kollektiven Intelligenz unabhängig zuführen können, kann Innovation entstehen. Das Bildungs-Business müsste hier die Menschen im Sinne einer attraktiven *User Experience* zur Seite stehen, um deren ureigene Potenziale heben zu helfen. Hier gilt es bildungspolitisch wirklich Acht zu geben, dass nicht eine neue, autoritäre Top-Down-Kultur entsteht, die das

---

[13] ... und wie wir es im FLOWCAMPUS schon lange angehen.

Potenzial der Menschen letztendlich unterdrückt - im Interesse des eigenen Profits.

iii. Die Bildungs-Zivilgesellschaft, die sich in Graswurzel-Manier eigene Strukturen schafft, unter anderem um zeitgemäße Weiterbildungs-Strukturen für die „kreative Klasse" aufzubauen, gilt es zu unterstützen. Hier findet ja längst Weiterbildung in Echtzeit statt: Von informellen Selbstversorger-Communities vor Ort (Vereine, Makerspaces, CoWorking-Spaces, Innovation Labs etc.) über Veranstaltungsformate wie MeetUps oder Barcamps, von spontan eingerichteten Facebook-Gruppen bis hin zum verteilten Lernen über das Netz in Form eines *Personal Learning Environments*. Diese Kompetenz zur selbstbestimmten Navigation durch den Dschungel an Möglichkeiten weiter auszubauen, über vielfältige, informell wirkende Infrastruktur-Maßnahmen, wäre die eigentliche bildungspolitische Aufgabe eines sorgenden Staates. Alles andere leitet sich daraus ab, als Angebot für bestehende (!) Nachfrage, je nach geäußertem Bedarf seitens der Menschen.

3. WISSENS-MANUFAKTUREN

„*Keine Industrie 4.0 ohne Bildung 4.0*" (Appel 2016) – das heißt im Klartext: Das aktuelle Bildungssystem ist veraltet. Es produziert Wissen, das viele Fachidiot*innen (Vitzthum 2015), 30% Studienabbrecher*innen (SPIEGEL ONLINE 2011) und massenweise die Umschüler*innen von morgen auf den Arbeitsmarkt der Angestellten wirft. Für die Zukunft der Arbeit dagegen hält es kaum Lösungen bereit.

Das Kompetenzprofil des *Institute for the Future* von 2011 wurde präsentiert vor dem Durchbruch des industriellen Internets der Dinge (Industrie 4.0) mit der angehenden Automatisierung vieler Arbeitsbereiche. Das Thema Automatisierung war damals nicht so akut wie heute. Es stand im Vordergrund, mit welchen Fähigkeiten die Angestellten von morgen ausgestattet sein müssten, um sich am Arbeitsplatz optimal einbringen zu können.

Heute jedoch wissen wir: Wir stehen vor einer radikalen Zeitenwende aufgrund der Digitalisierung, die das Ende des Normalarbeitsverhältnisses einläuten und neue Kompetenzprofile erforderlich machen wird. Nicht zwangsläufig für jedeN heute und vielleicht auch noch nicht morgen, aber spätestens übermorgen, ganz bestimmt. Der Weg dahin wird für viele Menschen steinig sein. Wir haben das alle nirgends gelernt. Hier braucht es eine kompetente Begleitung. Zum Beispiel: Sie hier!

Neben dem notwendigen Sprung bei den erforderlichen Kompetenzprofilen für die Zukunft ging auch der schleichende geopolitische Schub bis vor kurzem an den meisten spurlos vorbei. China als gigantisches „FabLab 4.0" (Lam 2016) und die global vernetzte Wissensökonomie (Willke

2007) verändern jedoch nach und nach das ökonomische Kräfteverhältnis (Stocker 2017). Nicht nur die Zuliefererkette der Autoindustrie gerät in Deutschland zunehmend unter chinesische Kontrolle, sondern auch die heimische Immobilien- und Baubranche (Deloitte 2016).

Zudem waren die demographischen Druckstellen noch nie so präsent wie heute und morgen. Wo und wie können etwa 3,5 Milliarden Menschen (Dobbs u. a. 2012) im Jahre 2020 einen Platz auf dem globalen Arbeitsmarkt finden, der einerseits schrumpft, andererseits grenzenlos ist und wo die Macht des Stärkeren ohne Gegenmacht herrscht? 2020 rückt immer näher und damit auch die Dringlichkeit des Sprungs von einer Welt in die andere (Wenkel 2016).

Doch nicht alle möchten die Dringlichkeit sehen (Sadigh 2017). „Industrie 4.0" verspricht die Automatisierung der Fertigungs- und Geschäftsprozesse und nebenbei viele neue Jobs. Ihre Vertreter bezweifeln energisch die Prognosen angloamerikanischer Wissenschaftler (Brynjolfsson und McAfee 2012). Letztere sehen die breite Masse der arbeitenden Menschen weltweit eher als Verlierer*innen im Wettlauf mit den intelligenten Maschinen.

In Deutschland bekommt die breite Masse die Mär von den vergangenen industriellen Revolutionen zu hören, bei denen unter dem Strich für sie alles gut ausging. Warum sollte es dieses Mal anders sein? (Lorenz 2017)

Vielleicht, weil

- die automatisierte Arbeitswelt nur noch wenig hoch qualifizierte Menschen braucht, die mit der künstlichen Intelligenz zusammenarbeiten können,
- unter den gegebenen Voraussetzungen nur wenige Menschen fit für diesen neuen Arbeitsprozess sind,
- die europäischen Industrieländer nicht mehr wie im 19. und 20. Jahrhundert die Verlierer der industriellen Revolutionen nach Übersee exportieren können,
- die neuen Reporte des Club of Rome[14] mit den Empfehlungen zu ökologisch angepassten Geschäftsmodellen bislang wenig Beachtung fanden und auch Jeremy Rifkin mit seinen Ideen zur „Dritten Industriellen Revolution" (Rifkin 2014) und der „Null Grenzkosten Gesellschaft" (Rifkin 2016) eher Unverständnis und Kontroversen auslösten (Rifkin 2016),
- sich das Verhältnis von Volkswirtschaft und Kapital inzwischen verschoben hat (Piketty 2016),
- die wenigsten Vertreter*innen des Establishments sich die viralen Effekte einer disruptiven Digital-Macht vorstellen können.

---

[14] https://www.clubofrome.org/activities/reports/

Von daher treiben wir dahin, ohne Vision und ohne Ziel, außer den Bestand zu wahren und die bekannten Entwicklungsläufe in die Zukunft fortzusetzen. Derweil werden in der vernetzten Wissensgesellschaft lokale Arbeitsmärkte global verlagert und lokale Märkte dem globalen Wettbewerb angepasst. Die digitalen Technologien machen es möglich. Heute kann Adidas wieder kostengünstig in Bayern produzieren. Doch in ihrer *Speedfactory* in Ansbach arbeiten teure intelligente Maschinen, Bots mit künstlicher Intelligenz und wenige hochqualifizierte Fachkräfte, ein Zehntel der Belegschaft einer Produktionsstätte in China (Prondzinski 2015).

DER INTELLIGENTE ARBEITSPLATZ, OB IN DER FERTIGUNG ODER DIENSTLEISTUNG, IST NUR SO SMART WIE DIE SUMME DER MITARBEITER*INNEN.

Auch die *Smart Offices* sind (theoretisch) nur noch Online-Plattformen und *Smart Services* kommen über eine Software auf dem iPad oder von freundlichen Bots. An der Rezeption wartet ein Roboter und im Restaurant kann direkt über das iPad am Tisch oder die App im Handy bestellt werden. Das ist eine Realität, die langsam Einzug hält in unseren Alltag, wir spüren es alle. Die Nachfrage scheint gegeben.

Es wird auch neue Jobs geben, keine Frage - im Übergang auch jede Menge neue. Doch die neuen Jobs bilden sich durch Vernetzungen von Geschäftsbereichen, Wissen, Menschen und Daten. Es entstehen vielfältige, neue, smarte Dinge. Sind die Menschen hier darauf vorbereitet?

„Smart", so hieß der kleine Zweisitzer, den Mercedes 1998 durchaus visionär als urbanes Fahrzeug auf den Markt warf. Doch so richtig „smart" war er gar nicht, der Kleine, wie wir inzwischen wissen. Denn *smarte* Geräte vernetzen heute immer mehr Menschen und Maschinen und schaffen immerfort neues „Neuland", da wo man es nicht vermutet hätte.

So könnten Handwerker*innen ihr Angebot in Richtung *Smart Home* erweitern, denn dort ist spezifisches Know-How ebenso gefragt wie Vertrauen und Kundennähe.

Adidas hat als Markenführer den Trend erkannt, und zwar nicht nur hinsichtlich intelligenter und vernetzter Sportartikel, sondern auch zur dezentralen, lokalen *Smart Factory* vor Ort, wo dank 3D-Druckern Unikate bedarfsgerecht und zeitnah produziert werden (Young 2017).

Was Adidas kann, könnten der Schuhfabrikant (La Conceria 2017), der Kunsttischler und die Schneiderin auch machen: erschwingliche Unikate für jedermann, in kleinen Werkstätten von wenigen hochqualifizierten Menschen mit Hilfe intelligenter Maschinen hergestellt und entweder direkt online oder in Fachgeschäften verkauft.

Auch das ist Teil der neuen Geschäftsmodelle, die Wiederbelebung der kurzen Wege, die Direktverbindung von den Erzeuger*innen zu den Kund*innen. Dazu neue Technologien, die den traditionellen Fertigkeiten (Farge 2017) wieder eine marktgerechte Möglichkeit durch die Bearbeitung neuer, ökologischer Materialien geben (adn kronos 2016). Das alles zusammen bedeutet „smart" im Sinne einer nachhaltigen Wirtschaft.

Der gemeinsame Nenner einer nachhaltigen Zukunftsökonomie ist die Vernetzung von Technologien und Wissen im weitesten Sinne. Neue Ideen brauchen jedoch Support, der konkrete materielle Probleme löst, dabei aber selbst digital und immateriell ist. Auch die Berufsberater*innen sollten den vielen Menschen im Umbruch der Arbeitsgesellschaft formal und informell zur Seite stehen. Im ersten Schritt bedeutet dies, die Erwerbstätigen zu begleiten, sich mit ihren Potenzialen am globalen Arbeitsmarkt zu präsentieren. Für Wissensarbeiter*innen hat sich hier LinkedIn als globaler Marktplatz etabliert. Es wäre ein Anfang, sich dort zeitgemäß zu vernetzen.

4. STAATLICHE INFRASTRUKTUR-MASSNAHMEN

Wie kann man also Innovationen in KMU fördern, sind sie doch für die meisten Arbeitsplätze in Deutschland verantwortlich?! Schauen wir über den großen Teich in die USA, so können wir dort beispielsweise von vier Programmen lernen.

1. THE SMALL BUSINESS INNOVATION RESEARCH (SBIR) PROGRAM

SBIR ist ein US-amerikanisches Programm, um Innovationsforschung auch kleinen Unternehmen zugänglich zu machen. Alle öffentlich finanzierten Behörden und Forschungsstätten sind hier dazu angehalten, einen Teil ihrer Forschungsgelder für die Förderung von KMU zu investieren, entweder in Form von Stipendien oder in Form von Regierungsverträgen, wie es v.a. die DARPA (Defense Advanced Research Projects Agency) oft praktiziert (Brown und Lorenz 2017).

„Das Small Business Innovation Research (SBIR) -Programm ist ein hart umkämpftes Programm, das inländische kleine Unternehmen dazu ermutigt, sich an Bundesforschung/Forschung & Entwicklung zu beteiligen, die Kommerzialisierungspotenziale haben. Durch ein wettbewerbsfähiges, preisgekröntes Programm ermöglicht SBIR kleinen Unternehmen, ihr technologisches Potenzial zu erforschen und bietet Anreize, von derer Kommerzialisierung zu profitieren. Durch die Einbeziehung qualifizierter kleiner Unternehmen in die nationale Forschung- &

Entwicklung-Arena werden High-Tech-Innovationen angeregt und die Vereinigten Staaten gewinnen unternehmerischen Geist, während es seine spezifischen Forschungs- und Entwicklungsbedürfnisse erfüllt." (siehe SBIR - About us)

Jede Bundesbehörde mit einem außerordentlichen Forschungs- und Entwicklungsbudget von über 100 Millionen Dollar muss am SBIR-Programm teilnehmen und ist (derzeit noch) verpflichtet, zwischen 2,5% bis 3,2% ihrer externen Forschungs- und Entwicklungsaufträge an Kleinunternehmen zu vergeben. Das betrifft insgesamt 11 Institutionen und es existieren Bestrebungen, den Anteil der so vergebenen Budgets auf 5% zu erhöhen.

Seit der Einführung im Jahre 1982 hat SBIR somit zu einem großen Technologie-Transfer, einer imposanten StartUp-Förderung und einer engen Verbindung von KMU mit Wagniskapital geführt. Ungefähr 2.5 Milliarden Dollar werden alljährlich an die Wirtschaft vergeben, eine Milliarde alleine durch das Verteidigungsministerium. Traditionell geht ca. ein Viertel des Budgets an kleine und mittlere Unternehmen, die sich zum ersten Mal an dem Programm beteiligen.

Dass die Institutionen nationale Forschungs- und Entwicklungsaufgaben und -ergebnisse den KMU in einem wettbewerblichen Verfahren zur Verfügung stellen, damit diese die Ergebnisse in kommerziellen Erfolg umwandeln können, zeigt den US-typischen, unternehmerischen Mentalitätsstil, der in Deutschland leider vernachlässigt wird. Hier könnte ein umfassender Kulturwandel wahre Wunder vollbringen, sofern sie in Richtung einer nachhaltigen Welt gerichtet wären.

Auf der Website des SBIR-Programms kann man übrigens vergangene, laufende und aktuelle Ausschreibungen einsehen.[15]

2. THE SMALL BUSINESS TECHNOLOGY TRANSFER (STTR) PROGRAM

Vergleichbar mit dem SBIR-Programm ist das STTR-Programm. Es wurde 1992 entworfen und wird finanziert über die Bundesbehörden, deren Forschungsbudgetseine Milliarde Dollar überschreiten (das sind 5 an der Zahl).

Hier geht es darum, dass kleine und mittlere Unternehmen mit nichtkommerziellen Forschungseinrichtungen in der Entwicklungsphase möglichst eng kollaborieren. Durch diese Verbindung erhalten auch kleine Unternehmen direkten Zugang zu andernfalls unbezahlbarer Infrastruktur, so dass auch hier neue, innovative Produkte entwickelt und auf den Markt gebracht werden können.

Beide Programme zusammen haben einen erheblichen Anteil am Aufbau

---

[15] https://www.sbir.gov/sbirsearch/topic/current

der boomenden Cluster in Silicon Valley, Boston und New York (Brown und Lorenz 2017). Details zu den konkreten Unterschieden kann man der Website des U.S. Department of Health and Human Services entnehmen.[16]

3. TECHHIRE

Man braucht kein Informatikstudium, um einen gut bezahlten Job im Tech-Business zu bekommen, lautet das Motto von TechHire, einer zentralen Initiative der Obamaregierung, mit der lokale Bedarfe von Unternehmen, Bildungseinrichtungen und persönliche Karrierewünsche besser aufeinander abgestimmt werden sollten.[17]

2015 unterstützte die US-amerikanische Regierung die *Not-for-Profit*-Organisation Opportunity@Work bei einem großangelegten *Public-Private-Privatship*-Pilotprojekt, um zunächst 21 Communities inklusive Weiterbildungs-Initiativen aufzubauen. Es ging darum, vor allem „bildungsfernen" und „tech-fernen" Personen einen möglichst schnellen Zugang zum Tech-Arbeitsmarkt zu verschaffen, da hier mehr als 0,5 Mio. offene Stellen und Bedarfe unbesetzt blieben. Dabei sollten die notwendigen Basis-Fähigkeiten nicht in Jahren, sondern in Monaten aufgebaut werden.

TechHire startete einen mit 100 Millionen Dollar dotierten Wettbewerb zur Entwicklung und Skalierung evidenzbasierter Strategien, wie Tech-Skills möglichst rasch und effizient gelernt werden können, um ebenso rasch und effizient an gut bezahlte Jobs der Mittelklasse anzudocken. An möglichen Partnern sammelten sie schließlich Anbieter von Bootcamps, Online-Trainings, Lehrstellen bzw. Praktika und arbeitsplatzbasiertem Lernen. Arbeitgeber konnten sich bewerben, um sich aktiv in dem Entwicklungsprozess zu beteiligen und gleichzeitig auf die Neu-Ausgebildeten zurückgreifen zu können.

In einem nächsten Schritt ging es darum, wie die einmal erworbenen Fähigkeiten kontinuierlich weiter entwickelt und aufgefrischt werden könnten. Hier wurden Events wie Tech-Meetups, Hackathons und Startup-Wochenenden organisiert ebenso wie der Aufbau von *Coworking Spaces*. Indem sich Unternehmen daran aktiv beteiligen konnten, kamen und blieben sie im Kontakt mit der Szene (Smith und Wilson 2016).

Schließlich ging es auch darum, den Unternehmen einen stärker datengetriebenen Rekrutierungsprozess nahezubringen, um eine möglichst inklusive Belegschaft mit maximaler Diversity aufzubauen. Als Problem

---

[16] https://sbir.nih.gov/about/critical

[17] https://obamawhitehouse.archives.gov/the-press-office/2015/03/09/fact-sheet-president-obama-launches-new-techhire-initiative

stellten sich hier weniger die Menschen heraus, die sich nicht auf den Weg machen möchten, sondern fehlende Trainingsangebote, um Bedarf und den Aufbau passender Fähigkeiten miteinander in eine agile Verbindung bringen (Richardson und Richardson 2015).

Über die Zeit hat TechHire 72 regionale Communities quer durchs Land aufgebaut, 237 Trainingsanbieter und 1.300 Partner-Unternehmen mit eingebunden und damit mehr als 4.000 Menschen unmittelbar in den Tech-Job gebracht.[18]

Zum Ende der Obama-Administration zog man mit der Plattform vom Weißen Haus um auf die Website von Opportunity@Work.[19] Offenbar sucht man derzeit Mittel und Wege, um das erfolgreiche Projekt fortzuführen. Aus unserer Sicht ein vorbildliches staatliches Förderprogramm, von dem man sich viel abschauen kann.

4. MIT IDE INNOVATION INCLUSION PROGRAM

Im Frühjahr 2016 schrieb das MIT erstmals 1 Mio. Dollar Preisgeld aus, um Startups und etablierte Organisationen auszuzeichnen, die ökonomische Inklusion und digitalen Fortschritt unterstützen. Menschen an der Basis sollten ermutigt werden, Projekte anzugehen, die Innovation für die Schaffung neuer Jobs für die Mehrheit der Bevölkerung nutzen - anstatt dafür, im Effizienzwettbewerb immer mehr Jobs abzuschaffen.

Das Programm des MIT, ausgeschrieben von Eric Brynjolffson und Andrew McAfee, nennt sich *Inclusive Innovation Competition* und zielt darauf ab, über verschiedene Kategorien der Arbeitswelt hinweg (Fähigkeiten, Angebot-Nachfrage, Mensch-Maschine und neue Business-Modelle) pro Jahr 20 interessante Projekte zu finden, die jeweils $25.000 Preisgeld erhalten, und schließlich pro Kategorie je einen Haupt-Gewinner mit $125.000 zu küren (Church 2016). Die Gewinner jeder Kategorie aus dem Jahre 2016 hier in einer Übersicht:

- 99Degress Custom (Kategorie Mensch-Maschine): Ein Sport-Bekleidungshersteller, der eine teilweise automatisierte Produktionslinie entwickelt hat, um mit Niedriglohn-Herstellern in Übersee zu konkurrieren. Das Unternehmen, mit Sitz in Lawrence, Mass., bleibt so wettbewerbsfähig und bezahlt seinen 50 Mitarbeiter*innen Löhne, die die Lebenshaltung decken.
- Iora Health (Kategorie Neue Businessmodelle): Ein Anbieter von Primärversorgung, der auf der Basis eines Pauschalgebührenmodells arbeitet, erarbeitet Gewinne, indem er Patienten gesund hält, ohne

---

[18] http://techhire.org/
[19] http://www.opportunityatwork.org/techhire/

unnötige Besuche oder Maßnahmen. Iora beschäftigt "Gesundheitstrainer", die von der Gemeinde zu einem lebensbefähigenden Lohn angeheuert werden und einen Einstieg in das Gesundheitswesen bieten. Gesundheitstrainer helfen Patienten, sich auf gesunde Ziele zu konzentrieren und den von Ärzt*innen empfohlenen Kuren zu folgen. Mit Sitz in Boston betreut das Unternehmen 45.000 Patienten an 29 Standorten in 11 Städten.

- Year Up (Kategorie Fähigkeiten): Eine gemeinnützige Organisation mit Sitz in Boston. Sie richtet sich an junge Erwachsenen mit niedrigem Einkommen und ermöglicht diesen technologieorientierte Erfahrungen und Fähigkeiten. Damit können sie um professionelle Arbeitsplätze konkurrieren und diese behalten. Das Curriculum von Year Up ist marktgetrieben und orientiert sich an den Bedürfnissen der Arbeitgeber.
- Laboratoria (Kategorie Angebot-Nachfrage): Ein Unternehmen, das Frauen mit niedrigen Einkommen hilft, technologische Arbeitsplätze zu finden, wie z. B. Programmier-Positionen in lateinamerikanischen Unternehmen. Die Absolventinnen des Laboratoriums-Programms zahlen nur für die Ausbildung, wenn sie eine Anstellung finden. Ursprünglich in Peru gestartet, hat Laboratoria seine Aktivitäten nach Mexiko und Chile erweitert. Das Unternehmen plant, bis 2021 10.000 Frauen zu schulen.

Vergegenwärtigt man sich die ausgewählten Projekte, die aus dem internationalen Raum kamen, so erkennt man die Vielfalt möglicher Startups, die von der Idee einer „normalen" Person ausgehend tolle Möglichkeiten schaffen auch für „Bildungsferne", sich am technologischen Fortschritt zu beteiligen und sich damit einen zukunftsorientierten Job zu schaffen.

Für 2017 wurde das Programm erneut aufgelegt und im Oktober die nächsten Unternehmen ausgewählt (nach Redaktionsschluss). Dabei wurden die Kategorien in diesem Jahr neu ausgeschrieben, um auch anderen Initiativen eine Chance zu bieten:

- Entwicklung von Fähigkeiten, die mit Chancen zusammenpassen: Wie können wir den Mitarbeiter*innen die Möglichkeit bieten, auf die Arbeitsmöglichkeiten der Zukunft zuzugreifen?
- Einkommenszuwachs und Schaffung von Arbeitsplätzen: Wie stellen wir sicher, dass die Arbeitnehmer*innen ausreichende und wachsende Einkommen erzielen, um eine zufriedenstellende Lebensqualität und einen guten Lebensstandard zu erreichen? Wie können wir kämpfende Industrien neu denken und neue Arbeitsmöglichkeiten schaffen?
- Technologie-Zugang: Wie verbinden wir mehr Menschen mit Internet- und Technologie-Zugang, unabhängig von Alter, Standort, Ausbildung oder Fähigkeit?
- Finanzielle Inklusion: Wie stellen wir für mehr Menschen finanzielle

Sicherheit und Stabilität sicher? Wie können mehr Menschen Zugang erhalten zu den Vorteilen von Finanzdienstleistungen? Auch gespannt auf die 2017er Ergebnisse? Lest sie auf der Website nach.[20]

5. PERSÖNLICHE JOBCOACHES

Im Juli 2017 kündigte Google.org eine 50-Millionen-Dollar-Initiative zur Unterstützung von nichtkommerziellenUnternehmen an, die innovative Wege zur Bekämpfung der Arbeitslosigkeit gehen (Fuller 2017). Von dieser Summe ging eine Million an Bayes Impact in San Francisco zur Finanzierung ihres Projekts Bob Emploi in Frankreich (Bayes Impact 2017).

Wer oder was ist Bob? Wir haben recherchiert:
Mein Name ist Bob. Ich bin ihr persönlicher Jobcoach, aufbauend auf einer Open-Source-Suchmaschine quer über diverse Datenbestände der Arbeitsämter.

BOB IST WIE PARSHIP FÜR DEN ARBEITSMARKT

Was hat der Jobroboter Bob mit der Datingplattform Parship gemeinsam?
Beides sind virtuelle Plattformen, von Algorithmen gesteuert und mit Zugriff auf große Datenmengen, die ausgewertet werden. So lässt sich schnell eine größtmögliche Zahl an Profilen miteinander abgleichen und die zueinander passenden herausfinden - damit sozusagen Fische auf Fahrräder gebracht werden oder einfach ins Netz. Eine kollaborative Plattform für Jobsuchende, aber auch für Unternehmen auf Talent-Safari. Big Data für Jedermann (Singaye 2016).

Die großen Jobbörsen mit Plattformlogistik (Kirchner und Beyer 2016) wie Randstad, Adecco u.a. arbeiten seit Jahren so, bringen zielgerecht hunderte Millionen Arbeitsuchende an Arbeitgeber. Ihr Geschäftsmodell ist Teil der neuen digitalen Marktordnung. Dank der Algorithmen haben sie einen extrem geringen Personal- und Verwaltungsaufwand: Bei Randstad z.B. werden weltweit 50 Millionen Menschen und Unternehmen von nur 29.000 Mitarbeiter*innen vermittelt. In den deutschen Jobcentern bemühen sich dagegen 95.000 Mitarbeiter*innen, die 2,8 Mio. offiziell gemeldeten Arbeitslosen auf dem Arbeitsmarkt zu vermitteln (Bundesagentur für Arbeit 2017). Dabei schaffen sie bei allen Beteiligten meist nur Frustration, Stress und Unzufriedenheit (REPORT MAINZ 2011), denn ihre Lösungen sind Notlösungen (Rövekamp 2017). In Frankreich, England (März 2016) und überall zwischen Ost- und Bodensee sieht es da ähnlich aus.

Bob jedoch bringt Treffer und Lösungen in Sekundenschnelle - unverbindlich, unmittelbar und kostenfrei. Er ist sogar vielseitig einsetzbar

---

[20] https://www.mitinclusiveinnovation.com (Nach Redaktionsschluss publiziert.)

und grenzüberschreitend. Er ist der Algorithmus für die VUCA-Welt (Laurençon 2015).

Sagen wir ...,
- ein Kfz-Ingenieur sucht nach Alternativen zu VW?
- eine Bankkauffrau will sich im Crowdfunding spezialisieren?
- ein BWLer sucht eine zeitgemäße Arbeit (4.0) statt einen temporären Job als Controller?
- ein Dozent möchte weg vom Lehrbetrieb und rein ins Bildungs-Business?
- eine Fachverkäuferin raus aus der Aldi-, Schlecker-, Kik-Falle?
- eine Krankenpflegerin will sich „strukturiert" weiterbilden?

„Ziel ist nicht, aus dem Bäcker einen Klempner zu machen, sondern schnell die Informationen über Berufsprofile zu geben, die Zukunft haben. Jeder Arbeitsuchende soll mit Hilfe von Bob selber zum Experten des Arbeitsmarkts werden," so Bobs geistiger Vater, Paul Duan. *„Build the Social Service of the Future"* ist sein Ziel.

Bob mit seinem Algorithmus im Hinterkopf wurde von Paul Duan (24) entwickelt, einem der vielen Silicon-Valley-Genies. Er ging mit seiner Idee nicht an die Börse, sondern machte daraus zunächst ein gemeinnütziges Unternehmen, eben Bayes Impact. Seine Idee: Die sozialen Leistungen der Zukunft mitgestalten.

„Die Lage auf dem Arbeitsmarkt wird immer komplexer. Dafür braucht der Arbeitsuchende des 21. Jahrhunderts alle technologischen und informativen Lösungen in Echtzeit", so Paul Duan. *„Schließlich ist es ja sein Leben und dessen Gestaltung sollte er nicht anderen überlassen!"*

Mit seinem Algorithmus will er Jobsuchende und Jobanbieter effizient und nachhaltig über die institutionellen Jobcenter vernetzen. Das machen Stepstone, Monster u.a. und auch soziale Netzwerke für Business wie XING und LinkedIn als Alternativen zu den bürokratischen Jobcentern auch. Aber die werden nicht direkt von Google unterstützt, haben auch keinen Zugriff auf die Datenbanken der lokalen Job-Center, die sie flächendeckend mit denen der sozialen Business-Netzwerke, *job-hunt* oder gar der überregionalen Organisationen (OECD 2017) vernetzen.

Auch die Business 2.0 Jobbörsen interessieren sich nur für den sofortigen Nutzwert des Jobsuchers. Die Optimierung seiner Potenziale durch Weiterbildung oder das Feintuning seines professionellen Profils wird bestenfalls im Premium-Modell entwickelt, wo Nutzer*innen zahlen müssen. Sie haben (noch) nicht den smarten PAL (*personal assistant for lifelong learning*) im Backend (Downes 2014).

Selbst wenn in den sozialen Netzwerken für Business (Xing und LinkedIn) schon alle Strukturen im Hintergrund vorhanden sind, fehlt noch der virtuelle persönliche Job- und Lernassistent, der alle Jobsuchenden ein Leben lang betreuen und gleichzeitig ihr Fahrtenschreiber sein kann.

Durch die direkte Kooperation mit dem französischen Staat ist Bob hier klar im Vorteil, denn Bob kann beides: Begleiten und beraten - und es bleibt eine soziale Leistung. Voraussetzung dafür ist jedoch ein mentaler Quantensprung. Raus aus der bürokratischen Schwerfälligkeit, rein in die digitale Leichtigkeit.

Bob vernetzt nicht nur Angebot und Nachfrage. Er gibt den Arbeitsuchenden des 21. Jahrhunderts alle relevanten Eckdaten und verbindet dabei seine effektiven Fertigkeiten mit der Kompetenz für die Zukunft. Kurz, er erarbeitet ein 10-Punkte-Programm, das nicht nur aus toten Buchstaben besteht:

i. Entspricht mein persönliches Ausbildungsprofil noch den Erwartungen und Möglichkeiten am Arbeitsmarkt? Welchen Wert haben meine Diplome noch lokal - überregional - international?
ii. Wie sind meine Mitbewerber aufgestellt und wie ist ihr Bewegungsprofil?
iii. Wie hoch sind meine Chancen - anhand ähnlicher oder gleichwertiger Profile - die passende Stelle und den richtigen Arbeitgeber zu finden?
iv. Wie lange dauert in den jeweiligen Bereichen die durchschnittliche Suchzeit und wie hoch ist die Trefferquote?
v. Wie kann ich schnell und ohne großen Aufwand meine Chancen optimieren - z.B. mit Weiterbildung in Eigenregie, durch einen MOOC, Vernetzung mit *Think Tanks*, informelles Lernen, z.B. mit den Tutorials auf YouTube, Publikationen als immaterielle Vorleistung usw.?
vi. Wie hoch sind die Risiken, dass meine aktuelle und vor allem die künftige Stelle von künstlicher Intelligenz ersetzt wird wie z.B. im Gesundheitswesen, BWL, Jura, Logistik, Finanzsektor?

Auf der Basis dieser Daten resultieren die Ergebnisse, die Bob präsentiert:

i. Er entwirft für jeden ein persönliches Job-Coaching - bedarfsgerecht und maßgeschneidert - mit einem täglichen *Training for the Job* und den aktuellsten Informationen über den entsprechenden Fachbereich. Kandidat*innen sollen hier als Manager*innen ihrer Arbeit und Zukunft einen 360°-Blick rund um ihr berufliches Profilportfolio bekommen.
ii. Er bewertet die Kompetenz des Kandidaten im Vergleich zu den Mitbewerber*innen auf einer Skala von 1-10, d.h. Stärken, Schwächen, Möglichkeiten und das Alleinstellungsmerkmal einschließlich der versteckten Potenziale.
iii. Als virtueller Jobcoach gibt er Tipps und Feedback, wie man sich konkret für die Zukunft aufstellen könnte.

iv. Und *last not least* agiert Bob als *Personal Learning Assistant* (PAL). Denn die Arbeitssuchenden im 21. Jahrhundert sind Dauerlernende, informell und formell, oft im Patchwork-Prinzip. Bob macht daraus eine klare Zeitlinie für alle.

STAND DER DINGE

Bob wird vorläufig als Prototyp ausgetestet und wird in Frankreich direkt von ganz oben unterstützt (Moreau 2016). Nur so können Veränderungsprozesse schnell und zügig durchgeführt werden.

Er soll

- vorrangig den Job-Centern helfen, die Lage der Arbeitssuchenden zu erleichtern und damit die Aufgabe der total überforderten und überlasteten Mitarbeiter*innen (Clément 2016);
- den Arbeitgebern zeitgerecht und jobgerecht jenseits der grossen Zeitarbeit-Agenturen Mitarbeiter*innen vermitteln,
- gleichzeitig beide im *Training for the Job* unterstützen.Und das ohne die zeit- und kostenintensive Suche nach Weiterbildungsmöglichkeiten, die den KMU und den Arbeitsuchenden in entlegenen Gegenden oder mit neuen Jobprofilen zusätzlich noch Stress und Frustration verschaffen.

Niemand kann in Sekundenschnelle Millionen Daten und Informationen vernetzen und in allen obigen Punkten verbindliche Ratschläge und Auskünfte geben - außer Algorithmen.

Dass Bob direkt auf *Big Data* und die Daten der Arbeitsagenturen Zugriff bekommt, ist Datenschützer*innen nicht geheuer, aber erst dadurch ergibt sich eine flächendeckende Infografik, die den Fisch auf das Fahrrad bringt.

Kritik kommt auch von den Gewerkschaften des öffentlichen Dienstes, die dahinter einen massiven Stellenabbau in den staatlichen Job-Centern befürchten.

Bob surft zwar auf der Uberisierung der Arbeitswelt (Manjoo 2015), die über kurz oder lang aus Festangestellten selbstständige Arbeitende macht, so Robert Reich, der ehemalige Arbeitsminister Bill Clintons (Reich 2015). Aber der Algorithmus bietet jedem die Möglichkeit, die Vermarktung seines Ichs und dessen Fertigkeiten selber zu verwalten - frei Haus, am mobilen Endgerät. Zumindest solange es noch Jobs gibt, für die man einen Lohn erhält, wäre dies ein deutlicher Fortschritt.

Big Data also als soziale Errungenschaft? Wieder eine positive Utopie aus Silicon Valley? Wie steht es um den Datenschutz? Die Daten sind wahrscheinlich längst schon Elementarpartikel in der *Big-Data*-Galaxie. Dafür sorgen die unzähligen Sensoren, die uns täglich über unser Smartphone und jedem Klick im Internet unauffällig begleiten.

Vordergründig bleibt die schnelle Vernetzung von vorhanden Ressourcen - Arbeit, Menschen, Informationen und Wissen. Als PAL (*personal learning assistant*) agiert Bob eher im Hintergrund - wie alle Algorithmen. Das Web 2.0, Smartphones und smarte Geräte werden von allen benutzt und von den wenigsten verstanden. Hauptsache es funktioniert und auch die Masse profitiert und nicht nur wenigen an der Börse.

So bildet sich wieder einmal im Hintergrund eine neue Welt mit verschiedenen Ebenen und Facetten:
- Arbeit 4.0, die ständige Vernetzung von Menschen, Wissen, Technologien und Ressourcen;
- die Uberisierung der Arbeitswelt (CloudFactory 2015) mit ihren Ab- und Eigenarten, die alle bestehenden Regeln und Rahmen der Arbeitswelt von gestern umgeht;
- die nächste Generation der lernenden Technologien im Dienste des lernenden Menschen, die alle Strukturen der Bildungssysteme einfach links (oder rechts) liegen lassen.

6. PRAXISNAH. VIER LÖSUNGEN

In den fünf Zukunftsökonomien, d.h. in der *Blue, Circular, Frugal, Green* und *Orange Economy*, liegen die Ansätze für Vernetzungen. Um daraus konkrete Lösungen zu schaffen, reicht es, die zur Verfügung stehenden technologischen Mittel zu optimieren.

VORSCHLAG 1: PLATTFORMEN FÜR B(U)ILDUNG 4.0

Lokale und überregionale, komplexe Plattformen filtern aus der Wissens-Galaxie Informationen und Wissen heraus, die dann von den Menschen und den Maschinen lokal weiter verwertet werden können. Dieses Geschäftsfeld wird zwar vom kommerziellen Bildungs-Business bereits gut bestellt. Doch arbeiten deren *Big Data*-Analyst*innen vorzugsweise für Google, den NSA und die Konzerne.

ONLINE-PLATTFORMEN

MULTI-FUNKTIONAL
MULTI-DIMENSIONAL
VISELSEITIG

Das institutionelle Bildungssystem hätte theoretisch (!) mit den ihm zur Verfügung stehenden Mitteln jetzt noch die Gelegenheit, für die 3,6 Millionen KMU (alleine in Deutschland) und deren ca. 20 Millionen Mitarbeiter*innen im andauernden Weiterbildungs-Modus eine gemeinsame, gemeinnützige Alternative zum Bildungs-Business zu schaffen. Hier könnten sie sich als weltweite Prototyper qualifizieren. B(u)ilding 4.0 als „Multi Sided Platform" (MSP) sozusagen anstatt duales Ausbildungssystem (Hagiu 2006).

Für eine MSP braucht man nur auf den Schultern der anderen weiterzuarbeiten. Alle Social-Media-Plattformen und viele Business 2.0-Modelle beruhen auf einer MSP - die Online-Plattformen mit mehreren Ein- und Ausgängen, Ebenen, Querverbindungen. Hier können *Data Scientists* Direktverbindungen zum kollektiven Wissensflow und zu den Menschen dahinter erstellen.

- Ein direkter, kostengünstiger Anschluss an das weltweit verfügbare Wissen unterstützt die Zukunftsfähigkeit der lokal arbeitenden KMU, für die Interoperabilität, Simultanität, Ubiquität und Disintermediation im Informations- und Wissensaustausch kostbare Energiequellen wären.
- Ein direkter und bedingungsloser Zugang zu neuen Entwicklungen und Fähigkeiten fördert die permanente Weiterbildung, die zunehmend von den KMU und deren Mitarbeiter*innen finanziert werden muss.

Was das Fraunhofer Institut in einem Crashkurs in 4 Tagen für 4.900€/pro Kopf vermitteln kann, gehört eigentlich in das Aufgabenfeld der öffentlich ko-finanzierten Bildungsträger. Die Daten-Spezialist*innen der Unternehmen könnten das Wissen und die Kompetenz, die auch kleineren KMU weiterhelfen, in einer MSP gut aufbereitet konzentrieren und auch gegen Entgelt zur Verfügung stellen. Finanziert werden könnte diese „Wissensvermittlung" ggf. nach dem *Teachers-pay-teachers*-Modell, wonach Lehrer*innen sich wechselseitig erstellte Materialien für kleines Geld zur Verfügung stellen (Walthausen 2016).

Doch leider steht zu vermuten, dass auch solch ein MSP-Großprojekt wie die tausenden anderen Plattform-Entwürfe der etablierten Hochschulen und Forschungseinrichtungen, die in den letzten Dekaden bereits von den Steuerzahler*innen über Projekt-Drittmittel bezahlt wurden, keine attraktive, brauchbare, langfristige wie nachhaltige Lösung etablieren können wird. Woran auch immer es konkret liegen mag: Eine agile, zeitgemäße Entwicklung widerspricht offenbar der Systematik der aktuellen Bildungspolitik. What a mess ...

VORSCHLAG 2: OFFENHEIT UND ÖFFNUNGEN

Offene Strukturen statt geschlossene Vereine ohne Netzwerkdynamik liegen in der digitalen DNA. Erst durch die Vernetzung wird Wissen zu Mehrwert.

Dieser Empfehlung schließt sich auch die OECD an: Offene Strukturen fördern den Austausch von Informationen und Wissen und tragen zum volkswirtschaftlichen Gemeinnutz bei.

OPEN
"OFFENHEIT UND ÖFFNUNGEN ERWEITERN DIE DIGITALE INNOVATIONEN. SIE TREIBEN DEN WISSEN- UND DATENFLOW VORAN. UNTERNEHMER KÖNNEN SO NEUE GESCHÄFTSMODELLE ENTWICKELN UND IHRE IDEEN VERMARKTEN. AM ANFANG STEHT JEDOCH EIN GANZ NEUES BILDUNGSMODELL MIT OFFENEN STRUKTUREN."
(OECD, 2016)

Offenheit und Innovation bedingen einander. Jenseits der schönen Worte liegt jedoch die Realität der 3,6 Millionen KMU, ihrer Mitarbeiter*innen (mehr als 50% aller Sozialversicherten) und temporären Zuarbeiter*innen. Aber wie sieht das Tandem „Offenheit und Innovation" konkret aus?

Open Innovation hat die digitale Revolution schnell aus kleinen Nischen in den Umlauf gebracht. Die Anfangsidee wird mit Partner*innen und der möglichen Zielgruppe in ihrer Beta-Fassung geteilt und schafft Transparenz. Verbesserungs- vorschläge können somit vor der Vermarktung schnell integriert werden. Das schließt den Ideenklau nicht aus und macht die Patentierung problematisch. Doch wer seine neuen Patente lieber erst anmelden will, um auf der sicheren Seite zu sein, sollte einen Blick auf *Best* oder *Worst Practices* früherer Produkte oder Dienstleistungen werfen. Philips und Dell stellen ihre alten Patente heute offen zur Verfügung, in der Hoffnung, dass irgendein Tüftler daraus etwas Neues macht.

Auch die Kreislaufwirtschaft als eine der neuen Wertschöpfungsketten beschränkt sich nicht nur auf das *Recyceln* von Konsumschrott und schafft Querverbindungen. *Open End* heisst, das jeder etwas hinzufügen kann. Viele IT-Entwickler*innen wissen, dass auch sie nur auf den Schultern der anderen weitermachen können und nicht alles von Grund auf neu erfinden müssen.

Was fehlt noch? Die Facilitatoren, die die vielen kleinen Punkte vernetzen und Interoperabilität 4.0 ermöglichen.

VORSCHLAG 3: INTEROPERABILITÄT

Das Disruptive der digitalen Technologien entsteht durch ihre Interoperabilität und die Vernetzung von Wissen mit Menschen, Maschinen und Märkten, die zur Demokratisierung von Wissen und zur Produktherstellung führte (Hofman und Rajagopal 2015).

Zuerst gaben sie jedem die Mittel, Wissen auf dem eigenen Desktop zu produzieren und es unbegrenzt zu verteilen. Seit dem 3D-Drucker kann jeder über das Smartphone einen Prototyp erstellen, die Daten direkt auf die Maschine übertragen, das dann ein Unikat fabriziert und über eine Drohnen-Lieferkette innerhalb von 24 Stunden liefert.

INTEROPERABILITÄT
IST DIE FÄHIGKEIT INNERHALB EINES SYSTEMS, OHNE BESONDERE ANSTRENGUNG MIT ANDEREN SYSTEMEN ZUSAMMENZUARBEITEN UND SICH GEGENSEITIG ZU ERWEITERN.

Aus dieser Interoperabilität von Wissen und Technologie schöpfte die Kreativindustrie schon lange viele Ideen in der Kommunikation und Kultur. Musik, E-Books, multisensorielle Ausstellungen in 3D, interaktive QR-Codes an den Häuserwänden usw. Interoperables Wissen und Technologien sind das Erfolgsrezept vieler Geschäftsmodelle der Kreativindustrie, die jetzt das Internet der Dinge übernimmt:

Interoperabilität in der Kommunikation, der Herstellung von Produkten, im Vertrieb und in der täglichen Nutzung (wie z.B. im *Smart Home*) spart Zeit, Kosten und Energien. Alle Bereiche, die mit den digitalen Technologien und Wissen arbeiten, unterliegen diesem Gesetz der Interoperabilität - und der Algorithmenlogik.

Darum steht Interoperabilität im Mittelpunkt von Arbeiten und Bildung 4.0. Selbstorganisiertes Arbeiten fordert einen hohen Grad an Interoperabilität.

VORSCHLAG 4: PROTOTYPING ALS GRUNDHALTUNG

Agilität ist ein Kern-Merkmal der digitalen, disruptiven Dynamik. Nur indem man sich experimentell den Problemen der Welt nähert, können von den Menschen akzeptierte Zwischen-Lösungen zeitnah getestet und immer weiter entwickelt werden.

Das Wasserfall-Modell des Industrie-Zeitalters, in dem ein "Genie" an der Spitze eine Idee formuliert, die dann von fleissigen Mitarbeitern im Wertschöpfungsprozess an den Markt gebracht wurden, scheint sich dem Ende zuzuneigen. Zu gross sind die Kollateral-Schäden in der Umwelt und jetzt auch in der Wirtschaft, die sich lediglich rund um die Menschen organisiert, die dem Kapitalwert einen Mehrwert zuliefern können.

Will man also im Regelbetrieb ausgemusterten Menschen vor Ort die notwendigen Mittel und Möglichkeiten an die Hand geben, neue Wege zu beschreiten, gemeinsam mit anderen Interessierten die Potenziale einer sozialen, digitalen Welt zu ergreifen und sich im Mashup in der Vernetzung am Austausch von Mikro-Modulen im *Open Innovation*-Verfahren zu beteiligen, sich also mit ihrer kollektiven Intelligenz aktiv einzubringen, dann sollte das agile Prototyping als zentrales Kernelement einer nachhaltigen Wirtschaft anerkannt sein.

Indem sich die Menschen hier wechselseitig Feedback geben und ihre prototypischen Mikro-Module in transformativen Entwicklungsschleifen immer weiter verbauen und integrieren, können neue Verfahren offen entwickelt und verfeinert werden. Diesen Bereich jenseits der umweltzerstörerischen Wachstumspolitik der Industrie zu stärken und weltweit miteinander in den Austausch zu bringen, wäre eine zentrale Maßnahme für eine B(u)ildung 4.0-Politik.

LITERATUR

adn kronos. 2016. „Nasce la prima scarpa in grafene di Iit e Fadel". Abgerufen Juli 25, 2017 (http://www.adnkronos.com/soldi/economia/2016/09/05/industria-nasce-prima-scarpa-grafene-iit-fadel_6cQH05JFx47COs87Hc7ZAK.html).

Appel, Ralph. 2016. „Keine Industrie 4.0 ohne Bildung 4.0". Verein Deutscher Ingenieure e.V. Abgerufen Juni 20, 2017 (//www.vdi.de/technik/artikel/keine-industrie-40-ohne-bildung-40/).

Bayes Impact. 2017. „Data for good". Abgerufen August 8, 2017 (http://www.bayesimpact.org).

Bever, Celia. 2012. „The Way Things Work: University Lobbying". The Chicago Maroon, April 12 Abgerufen (/2012/12/04/the-way-things-work-university-lobbying/).

BMAS. 2016. „BMAS - Weißbuch Arbeiten 4.0". www.bmas.de. Abgerufen Juni 20, 2017 (http://www.bmas.de/DE/Service/Medien/Publikationen/a883-weissbuch.html).

BME, Verband. 2016. „Mittelstand braucht mehr Weiterbildung für Industrie 4.0". BME e.V. Abgerufen (https://www.bme.de/mittelstand-braucht-mehr-weiterbildung-fuer-industrie-40-1543/).

Brown, Jeffrey, und Philippe Lorenz. 2017. „The Future of Work and the Trans-Atlantic Alliance". Abgerufen August 8, 2017 (http://www.bfna.org/sites/default/files/publications/The_Future_of_Work_and_The_Trans-Atlantic_Alliance.pdf).

Brown, Tara Tiger. 2012. „Represent.LA Maps the LA Tech Startup Community". Forbes. Abgerufen (http://www.forbes.com/sites/tarabrown/2012/06/04/represent-la-maps-the-la-tech-startup-community/).

Brynjolfsson, Erik, und Andrew McAfee. 2012. „Race Against the Machine: How the Digital Revolution is Accelerating Innovation, Driving Productivity, and Irreversibly Transforming Employment and the Economy". Abgerufen Juli 25, 2017 (https://www.amazon.de/Race-Against-Machine-Accelerating-Productivity/dp/0984725113/ref=sr_1_1?s=books-intl-de&ie=UTF8&qid=1501012450&sr=1-1&keywords=Race+Against+the+Machine).

Bundesagentur für Arbeit. 2017. „Der Arbeitsmarkt im Februar 2017". Abgerufen September 11, 2017 (https://www.arbeitsagentur.de/presse/2017-06-der-arbeitsmarkt-im-februar-2017).

Church, Zach. 2016. „MIT awards $1 million in Inclusive Innovation Competition - MIT Sloan School of Management". Abgerufen August 9, 2017 (http://mitsloan.mit.edu/newsroom/articles/mit-awards-1-million-in-inclusive-innovation-competition/).

Clapperton, Guy, und Philip Vanhoutte. 2014. The Smarter Working Manifesto. First edition. Sunmakers.

Clément, Arnaud. 2016. „Bob-emploi, la recette en ligne contre le chômage ?" Abgerufen August 8, 2017 (http://www.ledauphine.com/economie-et-finance/2016/11/16/bob-emploi-la-recette-en-ligne-contre-le-chomage).

CloudFactory. 2015. „The Uberization of Work". Future of Work. Abgerufen September 11, 2017 (https://medium.com/future-of-work-on-demand-economy/the-uberization-of-work-85eef71cf172).

Creutzburg, Dietrich. 2016. „Deutsche Behörden rückständig bei Digitalisierung". F.A.Z., Juli 6 Abgerufen Juli 26, 2017 (http://www.faz.net/aktuell/wirtschaft/wirtschaftspolitik/deutsche-behoerden-rueckstaendig-bei-digitalisierung-14272761.html).

Deloitte. 2016. „Deloitte sees persistent outbound interest in Germany by Chinese companies | Deloitte China | Press release". Deloitte China. Abgerufen (https://www2.deloitte.com/cn/en/pages/about-deloitte/articles/pr-guide-for-chinese-investments-in-germany.html).

Dobbs, Richard u. a. 2012. „The world at work: Jobs, pay, and skills for 3.5 billion people | McKinsey & Company". Abgerufen Juli 25, 2017 (http://www.mckinsey.com/global-themes/employment-and-growth/the-world-at-work).

Downes, Stephen. 2014. „'This is the next era of learning'". OEB Insights. Abgerufen September 11, 2017 (https://oeb-insights.com/stephen-downes-learning-support-systems/).

Farge, Adeline. 2017. „Le numérique élargit l'horizon de l'artisanat". Le Monde.fr, Mai 16 Abgerufen (http://www.lemonde.fr/emploi/article/2017/05/16/le-numerique-elargit-l-horizon-de-l-artisanat_5128416_1698637.html).

Forbes. 2017. „ROSS Intelligence". Forbes. Abgerufen (https://www.forbes.com/profile/ross-intelligence/).

Frey, Carl Benedikt, und Michael Osborne. 2013. „The Future of Employment: How susceptible are jobs to computerisation? | Publications". Abgerufen Juni 21, 2017 (http://www.oxfordmartin.ox.ac.uk/publications/view/1314).

Fuller, Jaquelline. 2017. „Making the future work for everyone". Google. Abgerufen (http://www.blog.google:443/topics/google-org/making-the-future-work-for-everyone/).

Hagiu, Andrei. 2006. „Multi-Sided Platforms: From Microfoundations to Design and Expansion Strategies". Abgerufen Juli 26, 2017 (http://www.hbs.edu/faculty/Publication%20Files/07-094.pdf).

Haufe. 2015. „Digitalisierung: Deutschland könnte Anschluss verpassen | Marketing & Vertrieb". Abgerufen Juli 26, 2017 (https://www.haufe.de/marketing-vertrieb/crm/digitalisierung-deutschland-koennte-anschlu%20ss-verpassen_124_297232.html).

Hütten, Anja. 2016. „Digitaler Rückstand in der Berufsausbildung | Deutschlehrer-Info | DW | 04.08.2016". DW.COM. Abgerufen (http://www.dw.com/de/digitaler-r%C3%BCckstand-in-der-berufsausbildung/a-19449828).

IfM Bonn. 2016. „Unternehmensbestand". Abgerufen Juli 21, 2017 (http://www.ifm-bonn.org/statistiken/unternehmensbestand/#accordion=0&tab=0).

IFTF. 2011. „Future Work Skills 2020". Abgerufen Juli 25, 2017 (http://www.iftf.org/futureworkskills/).

Jenkins, Henry. 2009. „Confronting the Challenges of Participatory Culture: Media Education for the 21st Century". Abgerufen Juli 26, 2017 (https://mitpress.mit.edu/books/confronting-challenges-participatory-culture).

Kirchner, Stefan, und Jürgen Beyer. 2016. „Die Plattformlogik als digitale Marktordnung". FLOWCAMPUS. Abgerufen September 11, 2017 (http://flowcampus.com/input/die-plattformlogik-als-digitale-marktordnung/).

La Conceria. 2017. „Calzatura 4.0: vita, morte e miracoli di una scarpa, dalla manovia all'acquisto in negozio. Dimensione RFID per Dino Bigioni| Il settimanale della pelle". LaConceria | Il settimanale della pelle. Abgerufen (https://www.laconceria.it/innovazione/calzatura-4-0-vita-morte-miracoli-scarpa-dalla-manovia-allacquisto-negozio-dimensione-rfid-dino-bigioni/).

Lam, Laurence. 2016. „#Chine : En 2025, l'industrie 4.0 ou la nouvelle révolution industrielle chinoise". StartupBRICS. Abgerufen (http://startupbrics.com/chine-industrie-4-0-numerisation/).

Laurençon, Angelica. 2015. Arbeitsmarketing 2.0 für KMU: Arbeit in der VUCA-Welt – FLOWCAMPUS. Abgerufen September 11, 2017 (http://flowcampus.com/course/arbeit-in-der-vuca-welt/).

Laurençon, Angelica, und Anja C. Wagner. 2016a. „Arbeit in der VUCA-Welt.: Arbeitsmarketing 2.0 eBook: Angelica Laurençon, Anja C. Wagner: Amazon.de: Kindle-Shop". Abgerufen Juli 26, 2017 (https://www.amazon.de/Arbeit-VUCA-Welt-Arbeitsmarketing-Angelica-Lauren%C3%A7on-ebook/dp/B01ARIO4Y2/ref=sr_1_1?ie=UTF8&qid=1501065463&sr=8-1&keywords=laurencon+vuca).

Laurençon, Angelica, und Anja C. Wagner. 2016b. „#Belgut – das bedingungslose Lernguthaben". FLOWCAMPUS. Abgerufen (http://flowcampus.com/input/belgut-das-bedingungslose-lernguthaben/).

Lorenz, Philippe. 2017. „Digitalisierung im deutschen Arbeitsmarkt. Eine Debattenübersicht".

Maenz, Frank. 2016. „Wissensarbeiter: Die Hälfte der Arbeitszeit unproduktiv". Abgerufen Juli 26, 2017 (https://blogs.business.microsoft.com/de-de/2016/01/11/wissensarbeiter-die-halfte-der-arbeitszeit-unproduktiv/).

Manjoo, Farhad. 2015. „Uber's Business Model Could Change Your Work". The New York Times, Januar 28 Abgerufen (https://www.nytimes.com/2015/01/29/technology/personaltech/uber-a-rising-business-model.html).

Marginson, Simon. 2015. „Future perfect: what will universities look like in 2030? | Times Higher Education (THE)". Abgerufen Juli 26, 2017 (https://www.timeshighereducation.com/features/what-will-universities-look-like-in-2030-future-perfect).

März, Ursula. 2016. „,Ich, Daniel Blake': Es ist der gleiche Kampf!" Die Zeit, Dezember 14 Abgerufen September 11, 2017 (http://www.zeit.de/2016/49/ich-daniel-blake-ken-loach-film).

Moreau, Emmanuel. 2016. „Bob Emploi, la plateforme pour faire baisser le chômage de 10%". France Inter. Abgerufen August 8, 2017 (https://www.franceinter.fr/emissions/l-esprit-d-initiative/l-esprit-d-initiative-21-novembre-2016).

Moylan, Brian. 2016. „Captain Fantastic: a heart-wrenching look at an unconventional 'hippie' family | Film | The Guardian". Abgerufen Juli 26, 2017 (https://www.theguardian.com/film/2016/jan/31/captain-fantastic-sundance-2016-first-look-review-viggo-mortensen).

Murgia, Madhumita. 2016. „,Robot doctor' app raises $25m to predict future of your health - Telegraph". The Telegraph, Januar 14 Abgerufen Juli 21, 2017 (http://www.telegraph.co.uk/technology/news/12098412/Robot-doctor-app-raises-25m-to-predict-future-of-your-health.html?utm_source=dlvr.it&utm_medium=twitter).

OECD. 2017. „OECD Employment Outlook 2017". Abgerufen September 11, 2017 (http://www.oecd.org/els/oecd-employment-outlook-19991266.htm).

Oxford Economics. 2015. „Digital Density Index: Guiding Digital Transformation". Abgerufen Juli 26, 2017 (http://www.oxfordeconomics.com/my-oxford/projects/294858).

Peter, Tobias. 2016. „Studium: Studenten sind schlecht auf digitale Arbeitswelt vorbereitet | Frankfurter Rundschau". Abgerufen Juli 26, 2017 (http://www.fr.de/wissen/studium-studenten-sind-schlecht-auf-digitale-arbeitswelt-vorbereitet-a-342616).

Piketty, Thomas. 2016. Das Kapital im 21. Jahrhundert. 1. Aufl. München: C.H.Beck.

Prondzinski, Lisa von. 2015. „So sieht die Zukunft der Schuhproduktion bei Adidas aus". ingenieur.de. Abgerufen (http://www.ingenieur.de/Themen/Produktion/So-sieht-Zukunft-Schuhproduktion-Adidas).

Reich, Robert. 2015. „Why We're All Becoming Independent Contractors". Abgerufen August 8, 2017 (http://robertreich.org/post/111784272135).

REPORT MAINZ. 2011. „Frust mit dem Jobcenter". swr.online. Abgerufen (https://www.swr.de/report/frust-mit-dem-jobcenter/-/id=13839326/did=7915242/nid=13839326/9zz84y/index.html).

Richardson, Nikita, und Nikita Richardson. 2015. „How To Take Advantage Of President Obama's TechHire Initiative". Fast Company. Abgerufen (https://www.fastcompany.com/3045850/how-to-take-advantage-of-president-obamas-techhire-initiative).

Rifkin, Jeremy. 2014. „Die dritte industrielle Revolution: Die Zukunft der Wirtschaft nach dem Atomzeitalter: Amazon.de: Jeremy Rifkin: Bücher". Abgerufen Juli 25, 2017 (https://www.amazon.de/Die-dritte-industrielle-Revolution-Atomzeitalter/dp/3596195969/ref=pd_bxgy_14_img_2?_encoding=UTF8&psc=1&refRID=BHW03QSYKYXG8W6S9KJX).

Rifkin, Jeremy. 2016a. Die Null-Grenzkosten-Gesellschaft: Das Internet der Dinge, kollaboratives Gemeingut und der Rückzug des Kapitalismus. 1. Aufl. Frankfurt am Main: FISCHER Taschenbuch.

Rifkin, Jeremy. 2016b. „The 2016 World Economic Forum Misfires With Its Fourth Industrial Revolution Theme | HuffPost". Abgerufen Juli 25, 2017 (http://www.huffingtonpost.com/jeremy-rifkin/the-2016-world-economic-f_b_8975326.html).

Rövekamp, Marie. 2017. „Wie verheerend die Arbeitsbedingungen in Jobcentern sind". Der Tagesspiegel Online, Mai 7 Abgerufen September 11, 2017 (http://www.tagesspiegel.de/wirtschaft/arbeit-im-jobcenter-wie-verheerend-die-arbeitsbedingungen-in-jobcentern-sind/19737004.html).

Sadigh, Parvin. 2017. „Wahlkampf: ‚Die Deutschen wollen ihr Auenland so lange wie möglich erhalten' | ZEIT ONLINE". Abgerufen Juli 26, 2017 (http://www.zeit.de/gesellschaft/zeitgeschehen/2017-07/wahlkampf-merkel-schulz-wohlstand).

Schwertfeger, Bärbel. 2014. „Personalverantwortung: Mitarbeiter sind zweitrangig". Die Zeit, Juli 25 Abgerufen Juli 26, 2017 (http://www.zeit.de/2014/27/personalvorstaende-mitarbeiter-fachkraefte-personalmanagement).

Singaye. 2016. „Bob Emploi : le Big data au service des demandeurs d'emploi". defi-metiers.fr. Abgerufen September 11, 2017 (https://www.defi-metiers.fr/breves/bob-emploi-le-big-data-au-service-des-demandeurs-demploi-0).

Smith, Tara, und Randall Wilson. 2016. „SIX EFFECTIVE APPROACHES FOR TECHHIRE INITIATIVES". Abgerufen August 8, 2017 (http://www.jff.org/publications/six-effective-approaches-techhire-initiatives).

SPIEGEL ONLINE. 2011. „Hohe Abbrecherquote: Ingenieur ist uns zu schwör". Spiegel Online, März 17 Abgerufen Juli 25, 2017 (http://www.spiegel.de/lebenundlernen/uni/hohe-abbrecherquote-ingenieur-ist-uns-zu-schwoer-a-751500.html).

Stifterverband. 2014. Anja C. Wagner: Die unvernetzte Generation. Abgerufen Juli 25, 2017 (https://www.youtube.com/watch?v=GLCowfk_7K8).

Stocker, Frank. 2017. „Chinesische Firmenkäufe: Rekord bei Übernahmen in Deutschland - WELT". WELT, Mai 2 Abgerufen Juli 25, 2017 (https://www.welt.de/finanzen/article161813468/Wie-China-die-deutsche-Firmenlandschaft-leer-kauft.html).

Sunder Ramachandran. 2016. Jane Hart, Video Modern Workplace Learning. Abgerufen Juli 25, 2017 (https://www.youtube.com/watch?v=Zg7_tTwpDbk).

Vester, Michael, und Sonja Weber-Menges. 2014. Zunehmende Kompetenz - wachsende Unsicherheit, Kurzprojekt zur Entwicklung eines Untersuchungsinstruments für integrierte Langfrist-Analysen der beruflichen Arbeitsteilung mit den Daten des Mikrozensus. Kassel: Hanns-Böckler-Stiftung Abgerufen Juli 21, 2017 (https://www.boeckler.de/11145.htm?projekt=2015-849-3).

Vitzthum, Thomas. 2015. „Studium: Fachidioten erobern die deutschen Universitäten". DIE WELT, September 27 Abgerufen (https://www.welt.de/politik/deutschland/article146904583/Fachidioten-erobern-die-deutschen-Universitaeten.html).

Wagner, Michael G. 2006. „On the Scientific Relevance of eSports. (PDF Download Available)". ResearchGate. Abgerufen (https://www.researchgate.net/publication/220968200_On_the_Scientific_Relevance_of_eSports).

Weinberger, Matt. 2017. „Google will let you search LinkedIn, Monster, Facebook, and more job sites all at once". Business Insider Deutschland. Abgerufen (http://www.businessinsider.de/google-jobs-search-linkedin-facebook-careerbuilder-2017-5).

Wenkel, Rolf. 2016. „Digitalisieren wir unsere Jobs weg? | Wirtschaft | DW | 25.10.2016". DW.COM. Abgerufen (http://www.dw.com/de/digitalisieren-wir-unsere-jobs-weg/a-36101544).

Willke, Helmut. 2007. Smart Governance: Governing the Global

Knowledge Society. 1. Aufl. Frankfurt/Main: Campus Verlag.

World Economic Forum. 2016. „The Future of Jobs". The Future of Jobs. Abgerufen (http://wef.ch/22CnI5C).

Young, Joseph. 2017. „Adidas Launches Smart Factory Run by 3D Printers & Robots in Germany". 3DPrint.com | The Voice of 3D Printing / Additive Manufacturing. Abgerufen (https://3dprint.com/162252/adidas-smart-factory-3d-printing/).

KAPITEL 6
BILDUNGSOPPORTUNISMUS

"*Dass unser Wissen sich unablässig ändert, ist für Wissenschaftler nicht bedrohlich, denn wir haben zu ihm ein gespaltenes Verhältnis. Zwar setzen wir alles daran, es zu schaffen, doch sobald wir es geschafft haben, misstrauen wir ihm und hinterfragen es. Der Besitz von Wissen bedeutet uns weniger als die Überzeugung, dass wir Wissen stets neu schaffen können.*

Wissen ist ein Kind der Vergangenheit und kann in einer stetig sich wandelnden Welt nie die Zukunft sichern. Dies kann nur die ewig junge Kraft wissenschaftlichen Denkens, die in allem Gegenwärtigen die Hypothese des Zukünftigen sucht.

Dazu braucht es Menschen mit neuen Ideen, die es wagen, überliefertes Wissen anzuzweifeln. Es braucht Menschen, die sehen, was jeder sieht, dabei aber denken, was noch niemand gedacht hat. All dies erfordert Mut, der vor allem in jungen Menschen blüht.

In Wissenschaft und Kunst ist die unbekümmerte Naivität der Jugend deshalb oft klüger als das Wissen des Alters. Echte Forscher zögern nicht, ferne und gefährliche Gewässer anzusteuern, wenn diese ihnen neues Wissen versprechen. Der amerikanische Gelehrte John A. Shed ermutigt diese Forscher so: Ein Schiff im Hafen ist sicher; doch deswegen baut man keine Schiffe." (Schatz 2015)

1. IN TRANSITION

B(u)ildung 4.0 begleitet den Übergang vom Industriezeitalter in die Welt der Daten, Algorithmen und vielfältigen Vernetzungen. B(u)ildung 4.0 müsste die zweckmäßige Anpassung an die jeweilige Situation ermöglichen.

Die Debatte, ob Bildung ein Allgemeingut mit guter Aussicht ist, ist dabei aktueller denn je. Die Antwort ist eindeutig ja, doch mit anderen Inhalten und Formen, z.B.
- Webwissen statt Religion in der Grundstufe.
- Mehr MINT und Handwerk in der Oberstufe.
- Glokale Bildungsnetzwerke als offene Weiterbildung und MakerLabs.

Bei steigender Polarisierung der Gesellschaft (Himmelrath 2014), Chancenungleichheit (Sierpinski 2015) und schnellem Wandel der Wissens- und Bildungswerte entwickeln sich auch die Prioritäten der Bildungspolitik in gegensätzliche Richtungen (Alvares de Souza Soares und Freisinger 2015).

Die technologischen und ökonomischen Herausforderungen stellen den heimischen Bildungs-Opportunismus auf den Prüfstand, und zwar nicht etwa frontal, durch Abgleich mit den üblichen Ranking-Listen. Die Brandbeschleuniger kommen vielmehr durch das Kellerfenster, denn der Bildungssektor, genauer gesagt die lebenslange Weiterbildung, liefert unbegrenzte Daten-Vorkommen mit ständigen Querverbindungen. Die Seitenstraße der Volkswirtschaft wird zur Drehscheibe: *Big Data* in Hülle und Fülle.

Flächendeckende mikro- und makroökonomische Informationen, persönliche Daten, Unternehmenswissen: Das alles ist reproduzierbar, erweiterbar, teilbar! Neue Geschäftsmodelle bewirken eine völlige Umwälzung der alten Bestandsökonomie. Man bedenke: Uber ist lediglich eine Smartphone-App - aber eine mit gigantischer Datenbank!

Neben diesen technologiegetriebenen Unternehmen und der Finanzkraft der Industrie 4.0 schaffen die Potenziale der *Blue Economy, Circular Economy, Frugal Economy, Green Economy* und *Orange Economy* sowie der Bildungsökonomie neue Jobs in neuen Quer-Verbindungen. Ob diese dem Anspruch eines Normalarbeitsverhältnisses (Festanstellung, mehr als 20 Stunden die Woche) genügen, darf man bezweifeln. Aber hier entstehen Aktivitätsbereiche jenseits der traditionellen Dienstleistungen. Im besten Falle zugunsten einer nachhaltigen Wirtschaft.

Wie und wo die kleinen und mittelständischen Unternehmen ihre künftigen Mitarbeiter/innen für diese Jobs der Zukunft aus- oder weiterbilden (lassen), das wird zu einer neuen Herausforderung, die sie allein nur schwer bewältigen können. Ob und wie weit das Bildungs-Establishment sie dabei begleiten will und kann, hängt von deren Verständnis des volkswirtschaftlichen Anliegens und dem Konsens der Gesellschaft ab - und dem Druck seitens der Politik und der Gesellschaft.

Wir empfehlen (wie oben bereits angeführt) facettenreiche Bildungsnetzwerke, möglichst glokal aufgesetzt.

2. JUST IN TIME?

„Die sich selbst organisierende Fabrik benötigt künftig Facharbeiter, die sich sowohl mit Maschinen als auch mit Software auskennen. Nur dann können Mitarbeiter die hochkomplexen Maschinen steuern, warten und reparieren." (Henrich 2015)

Algorithmen vernetzen Daten zu Informationen und Wissen. Sie fördern die unmittelbare Übertragung von Daten, Informationen und somit die Reproduzierbarkeit der Wissensinhalte in allen Formaten - Bild, Text, Grafiken, Ton, Hardware und Software. Sie befähigen jeden, Informationen und Wissen zu produzieren und weltweit zu verbreiten. Wie und ob es ankommt, ist dann die Aufgabe der Algorithmen und der Vernetzungen.

Theoretisch bieten sie jedem unbegrenzten Zugang zu unstrukturierten und strukturierten Daten. Sofern er oder sie das Glück hat, in einem Umfeld mit flächendeckendem Internetzugang, frei von politischen Kontroll- und Zensur-Instanzen zu leben und nebenbei über die notwendige Netzkompetenz zu verfügen. Nicht zertifiziert, sondern qua gelebter Praxis.

TROTZ DER VIELFÄLTIGEN ANSPRÜCHE AN DAS BILDUNGSSYSTEM SIND DESSEN SCHNITTSTELLEN ZU ANDEREN TEILSYSTEMEN - SELBST DEN ABNEHMERN - KAUM AUSGEPRÄGT.

DARAUS ERGAB SICH EIN BILDUNGSSYSTEM, DAS KAUM MIT ANDEREN TEILSYSTEMEN VERNETZT IST, ÜBER EIN HOHES MAß AN AUTONOMIE VERFÜGT UND DESWEGEN BISHER **NICHT** SYSTEMATISCH **IN POLITISCHE UND VOLKSWIRTSCHAFTLICHE MODERNISIERUNGSSTRATEGIEN EINGEBUNDEN** WURDE.
(Quelle: Kemnitz, A.; Weizäcker, R., 2003)

Der zertifizierte Wissenstransfer war bislang das Monopol der Bildungsträger: Schulen, Universitäten, Akademien. Sie sind vielerorts noch die offiziellen Katalysatoren, weil sie die Diplom-Hoheit haben. Doch ihre Fähigkeit, das neue digitale Medium mit seinen Quervernetzungen in den Bestand zu integrieren und die gesellschaftliche und ökonomische

Entwicklung zu fördern, bestimmt die Zukunft der Gesellschaft und mittelfristig auch die Zukunft der Bildungssysteme selbst. Im 21. Jahrhundert haben sie bislang an dieser Stelle weitestgehend versagt.

An der Schwelle der vierten industriellen Revolution (Industrie 4.0) wird der Bildungsbedarf also fragmentiert, zu einem individuellen Anliegen, mit dem sich jedes kleine Unternehmen und jeder Erwerbstätige selber auseinandersetzen muss. Weiterbildung wird so auf die kleinste Einheit heruntergebrochen. Die Unternehmen sollen sich selbst organisieren, was betriebswirtschaftlich zwar Sinn macht, in der Praxis aber an der Bürokratie und dem alten Denken scheitert:

„Überall da, wo Unternehmen versuchen, durchaus gut gemeinte Töpfe anzuzapfen, stolpert man automatisch in eine Unmenge von Formularen, Antragshürden, Beratungsproblemen und Ähnlichem mehr." (Halm 2009)

3. (BILDUNGS)OPPORTUNISMUS

Opportunismus bezeichnet die Anpassungsfähigkeit an die jeweilige Situation, um daraus das Beste zu machen.

Was ist die Situation in Deutschland? Die Gesellschaft altert wie viele europäische Industriegesellschaften und verfügt dabei über immer weniger aktives Humankapital.

Alle arbeits- und kostenintensiven Tätigkeiten zu automatisieren, wäre unternehmerisch und betriebswirtschaftlich daher ebenso überzeugend wie die Theorie der schlanken Managementstrukturen. Beide sind mittelfristig alternativlos. Unternehmen verzichten nur so lange auf die Automatisierung, wie die Löhne so niedrig bleiben, dass sich der Modernisierungsschub nicht rechnet.

ALTERNDE INDUSTRIEGESELLSCHAFTEN HABEN **3 LÖSUNGEN** FÜR DEN ERHALT IHRER WETTBEWERBSFÄHIGKEIT:
1. SCHNELLE **ANPASSUNG DER BILDUNGSSYSTEME** AN DIE NEUEN TECHNOLOGIEN
2. MASSIVER ZUGRIFF AUF **AUSLÄNDISCHE FACHKRÄFTE**
3. **AUTOMATISIERUNG** ALLER ARBEITS- UND KOSTENINTENSIVER TÄTIGKEITEN

Doch machen Roboter bereits die Knochenarbeit in den Schlachthöfen, sparen Betriebs- und Personalkosten in der Logistik und ermöglichen extrem schlanke Betriebsstrukturen in Handel und Verkehr. Sie ersparen die Aus- und Weiterbildung der Stammbelegschaft und bringen dafür mehr Produktivität und Rendite für die Unternehmer*inen, Manager*innen und sonstigen Shareholder. Die Technologien müssen nur fachgerecht eingesetzt und gewartet werden und dazu braucht man die Fachkräfte.

„In der vernetzten Fabrik von morgen haben nur qualifizierte Fachkräfte beste Aussichten auf eine Stelle." (bitkom 2016)

Doch wer bildet die nächste Generation aus und wozu? Wer bildet weiter und trägt die Kosten dafür?

Nach rein volkswirtschaftlichen Kriterien wäre es die Aufgabe der 436 Fachhochschulen bzw. Hochschulen sowie der etwa 8000 berufsausbildenden Fachschulen in Deutschland, hier zeitgerecht und bedarfsgerecht zu handeln. Mal ganz abgesehen davon, dass es hier große Einsparpotenziale gäbe, wenn sie konsequent auf digitale Plattformen setzten.

Bei einem durchschnittlichen Kostensatz von etwa 6.000€ pro Studierendem pro Jahr besäßen sie theoretisch die Mittel und Möglichkeiten, um

- einerseits eine berufsbildende Kompetenz aufbauen zu helfen, die sofort auf die technologischen Anforderungen des 21. Jahrhunderts übertragbar wäre, hoch MINT-haltig zudem und mit offenen Schnittstellen und Querverbindungen zu den anderen neuen Bereichen,
- andererseits bei allen erwachsenen Lernenden und Weiterlernenden die Kompetenz zu fördern, die für Jobs gebraucht wird, die es zwar noch nicht gibt, die aber im Entstehen sind und mit der kollektiven Intelligenz schneller und präziser austariert werden könnten,
- gemeinsam mit Künstler*innen, Handwerker*innnen und Wissenschaftler*innen offene Strukturen zu schaffen, die alle aufnehmen und gemeinsam kreatives Gemeingut entwickeln.

Agil, mobil, flexibel? Sind das nicht die Voraussetzungen für die Arbeit in der VUCA-Welt (Laurençon und Wagner 2016), zu der sie die Heranwachsenden befähigen sollten?

Das wäre jedenfalls die erste und naheliegende Lösung. Für deren schnelle Umsetzung braucht es allerdings keine Bürokrat*innen im Bildungs-Establishment, sondern eher Bildungsaktivist*innen, die in digitalen FabLabs und Innovation Hubs mitmachen. Die global denken und lokal handeln können. Und die als Vorbild fungieren. Die klassischen Bildungsinstitutionen erscheinen dazu als zu schwach.

Die zweite Lösung ist der massive Zugriff auf ausländische Fachkräfte. Qualifizierte Facharbeiter*innen aus dem Ausland wären eine praktische und kluge Alternative, wenn diese unmittelbar in die Arbeitsprozesse übernommen werden könnten - wie in den 1960er, 70er und 80er Jahren.

Damals wurde der massive Personalmangel in der Industrie und im Dienstleistungssektor durch Spanier, Italiener, Griechen, Serben, Türken und Osteuropäer gedeckt. Dafür brauchten sie weder Deutsch- noch IT-Kenntnisse, sondern nur eine hohe physische und psychische Belastbarkeit.

2017 werden aber Fachkräfte gebraucht, die selbst die hoch dotierten deutschen Bildungseinrichtungen nicht bedarfsgerecht „bereitstellen" und für die effiziente und vernetzte Onboarding-Strukturen fehlen.

2017 droht die EU u.a. an dem deutschen Fachkräftemangel zu zerbrechen. Viele EU-Länder schätzen weder den deutschen *Braindrain* noch die Übernahme traditioneller Bereiche durch deutsche Unternehmen, wie z.B. in der Nahrungsmittelindustrie und Logistikbranche.

Sprachkurse, interkulturelles Training, hybride Kompetenzraster, sind für kleine Unternehmen betriebswirtschaftlich und finanziell nur im Kompetenz-Cluster mit agilen Quervernetzungen tragbar.

Die bürokratischen Hindernisse auf allen Ebenen sind für kleine Betriebe zu hoch. Weiterbildung im innovativen Selbsthilfe-Modus lohnt sich, verlangt aber Umdenken.

Die dritte und pragmatische Lösung ist, alles zu automatisieren, was automatisierbar ist. Die letzten Jobs der Fabrikarbeiter, Dienstleistungen im Handel, Verkehr genauso wie die Jobs der „unproduktiven Wissensarbeiter" (Maenz 2016). Der Zug in diese Richtung ist bereits abgefahren. Man wird ihn wohl kaum mehr stoppen können.

Und die Bildungseinrichtungen? Sie werden als Berufsausbildungsstätten spätestens 2030 nicht mehr gebraucht. Die Berufe, auf die sie heute noch vorbereiten, werden dann längst von intelligenten Maschinen ausgeübt oder ein Kompetenzprofil erfordern, das den Rahmen ihrer Möglichkeiten sprengt (Marginson 2015).

4. ZEITDRUCK IN DER BILDUNGSLÜCKE

„Zwei Drittel der erwarteten Jobverluste gibt es in den sogenannten White-Collar-Jobs, in Routine-, Büro- und administrativen Tätigkeiten." (World Economic Forum 2016)

Kleine und mittlere Unternehmen, ihre Mitarbeiter*innen und die Sozialpartnerschaften stehen unter Zeitdruck. Die Bildungssysteme ebenfalls. Aus den hybriden Trends in Richtung Industrie 4.0 und den komplexen digitalen Technologien sollen sie plötzlich im *Design Thinking* kreative und innovative Bildungsmodelle entwerfen. Was aber das Gegenteil von „learning as usual" wäre.

Der Druck steigt stetig und still: Unternehmen verlieren ihre Wettbewerbsfähigkeit, Arbeitnehmer*innen ihre Beschäftigungsfähigkeit und die Bildungssysteme haben in einem Jahrzehnt niemanden mehr auszubilden, so die Prognosen der *Times Higher Education* (Marginson 2015). Die technologischen, ökonomischen und bildungspolitischen Paradigmenwechsel bedingen sich gegenseitig. Aussteigen war gestern. Auswandern ist keine Alternative mehr. Wer heute freiwillig aus der vernetzten Wissensgesellschaft aussteigt, hat nur als WissendeR, PerformerIn und Maker*in in eigener Sache noch eine Überlebenschance (Moylan 2016).

Die alten Dienstleistungsbereiche werden zwar weiter Mitarbeiter*innen beschäftigen. Krankenschwester, Altenpfleger, KITA-Betreuerinnen, Friseusen, Fliesenleger und Klempner werden auch mittelfristig nicht arbeitslos. Sie verdienen nur immer weniger für mehr Leistung, weil auch die Jobmakler und Zeitagenturen mitverdienen und es Millionen Arbeitswillige gibt, die jeden Job machen. Egal, wie niedrig der Lohn ist. *Smarter Working* bleibt den 5% der kreativen Wissensarbeiter*innen am oberen Ende vorbehalten, die ihre Tätigkeit selbstbestimmt organisieren (Clapperton und Vanhoutte 2014).

Bislang folgten die Bildungssysteme den Bedürfnissen der Industrie und Wirtschaft. Sie hatten immer viel Zeit, um Programme und Ausbildungsraster auszuarbeiten. Solange sich die ökonomischen und technologischen Zyklen über mehrere Generationen hinzogen, waren Wissen, Ausbildung und Abschlüsse langfristige Anlagen. Heute ist aber Wissen zum Produkt geworden, mit kurzfristigen Anlauf- und Laufzeiten und offenen Schnittstellen.

Das industrielle Internet der Dinge (Industrie 4.0) erweitert die Kernkompetenz in Industrie und Handwerk durch die digitalen Technologien. Dort sind inzwischen auch die neuen Mitstreiter der Kreativökonomie (Google, Apple, Facebook, Amazon, Microsoft, Tesla, Alibaba und IBM) aktiv. Sie verfügen nicht über das Arsenal an technischen Fachkräften. Dafür besitzen sie jedoch *Big Data*, Kapital, die Kapazitäten und die agile Kompetenz, um daraus mehr zu machen als nur Autos, Maschinen und vernetzte Geräte.

Bildung wird im 21. Jahrhundert zum globalen Spielfeld. Der Zeitdruck in der digitalen Kluft lastet nicht nur auf den deutschen Unternehmen, die im *Digital Density Index* auf Platz neun landen (Oxford Economics 2015), sondern auf den Bildungsträgern insgesamt.

    □ Ihre Bürokratie ist überall digital rückständig (Creutzburg 2016),

- die Hochschulen als zentraler Knoten der vernetzten Wissensgesellschaft bereiten ihre Studierenden schlecht auf die digitale Arbeitswelt vor und haben mit dem Bologna-Verfahren kostbare Zeit verloren (Peter 2016),
- die Fach- und Berufsschulen sind digital resistent (Hütten 2016),
- die Digitalisierung wird von den meisten Erwerbstätigen nicht als Chance, sondern als Bedrohung wahrgenommen.

Im Empfangssaal der digitalen Revolution warten noch zu viele Zeitgenoss*innen lieber erst mal ab. Interoperabilität, Disintermediation und Algorithmen-Logik passen nicht in ihr operatives System.

Größere Unternehmen können die digitalen Bildungslücken ihrer Mitarbeiter*innen zwar noch berufsbegleitend ausbessern. Doch auch bei ihnen schließen kurzfristige Finanzstrategien zunehmend mittelfristige präventive Weiterbildung aus (Schwertfeger 2014). Viele Konzerne befinden sich im Umbruch, haben zwischen Personalabbau und Konkurrenzkampf ganz andere Probleme als die Weiterbildung ihrer Mitarbeiter*innen oder entwickeln dafür profitable Strategien. Die 3,6 Millionen KMU stecken derweil in der Bildungslücke fest (BME 2016).

„Bei den induktiven Kompetenzen 2020, die das ganzheitliche Verständnis der digitalen Revolution voraussetzen, besteht zwar überall ein diffuser Bedarf, der aber nicht in eine konkrete Nachfrage umgewandelt werden kann und so könnte die deutsche Wirtschaft insgesamt den Anschluss an die vierte industrielle Revolution verpassen." (Haufe 2015)

"DER STAAT RICHTET SEIN KRISENMANAGEMENT LIEBER AUF BEREICHE, DIE DEN SYSTEMBESTAND GARANTIEREN. POLITIKER PRESCHEN NUR MIT THEMEN VORAN, DIE IHNEN ZUR WIEDERWAHL VERHELFEN.
IN EINER ALTERNDEN GESELLSCHAFT IST BILDUNG NICHT SYSTEMRELEVANT.
DIE ZUKUNFTSSCHWÄCHE DER POST-INDUTRIELLEN GESELLSCHAFT IST SOMIT FATAL."
(CLAUS OFFE, 1982)

5. CONNECTING THE DOTS

Aus Milliarden informeller Daten im Netz soll formelles Wissen gemacht werden, nicht als Echoeffekt bestehender Inhalte, sondern durch Querverbindungen - zufällig, disruptiv, überraschend!

Die vernetzte Wissensgesellschaft ist heute zuerst eine

Informationsgesellschaft. Die Informations- und Kommunikationstechnologien schufen Simultanität, Ubiquität und Tempo. Die soziokulturellen Bewegungen seit den 1970er Jahren brachten die Schwingungen in Richtung einer potenziellen Demokratisierung des Know-hows zwecks gemeinsamer Gestaltung der Zukunft (Castells 2017). Das (alte, nationale) Kapital versuchte zu retten, was zu retten ist - mit allen Restriktionsmitteln. Heute ist der (neo-liberale) Zug kaum mehr aufzuhalten. Das ist der Kampf, in dem wir uns derzeit befinden.

Derweil suchen im globalen Wissensstrom die Algorithmen nach immer neuen Verbindungen, aus denen sie Muster anfertigen, die bislang nur die menschliche Intelligenz zuordnen konnte. Erst aus der Vernetzung ergibt sich deren Kontext. So kann sich Wissen anders als die Kunst (Benjamin 1936) in seiner Reproduzierbarkeit heute regenerieren.

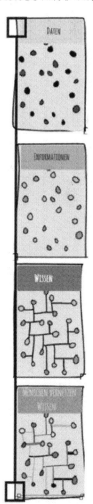

Im Informationsfluss der vernetzten Wissensgesellschaft hat die Realität somit viele Facetten und das Wissen unendliche Anknüpfungspunkte. Vernetzen muss sie jeder selbst. Auch das gehört zur Netzkompetenz, die *Digital Literacy* und das *Computaional Thinking* in das eigene Portfolio zu integrieren - neben dem Aufbau neuer, vielfältiger Netz- verbindungen.

In der globalen Architektur der Bildungsökonomie im Netz stehen eine Unmenge an Ressourcen, Communities und potenziellen Verbindungen zur Verfügung. Diese sinnvoll für sich in eine persönliche Lern- und Arbeitsumgebung zu überführen und so beständig am Ball zu bleiben, ist eine Fähigkeit, die heutzutage jeder Mensch beherrschen sollte.

KMU wissen damit nichts anzufangen, Politiker*innen auch nicht. Dozierende und Lehrende zumeist auch nicht. Sollten sie aber. Im Grunde kennt kaum jemand diese Welt - außer den paar Netzaktiven, die derweil munter und beseelt die Vorteile des weltweiten Webs für sich zu nutzen wissen und sich immer weiter vernetzen.

An diesem Punkt stehen wir heute. In der Debatte, ob das Land in der vernetzten Wissensgesellschaft im Abseits oder im Vorteil ist, würde solch eine breit vorhandene gesellschaftliche Kompetenz die Entscheidungen beschleunigen. Ein Netzwerk aus Datenspezialist*innen würde auch aus einem Knäuel widersprechender Informationen am Ende ein klares Bild erstellen können. Dafür ist es höchste Zeit. Oder warten wir einfach weiter ab?!

„Eigentlich geht es der deutschen Wirtschaft so gut wie nie zuvor. Die Erwerbstätigkeitsquoten steigen von Jahr zu Jahr. Der Staatshaushalt schreibt schwarze Zahlen. Die OECD lobt das deutsche duale Ausbildungssystem und die Zahl der Studierenden hat sich im letzten Jahrzehnt mehr als verdoppelt."
(Schlagzeilen der Medien 2016/17 zusammengefasst)

"DIE AKTUELLEN FORTSCHRITTE IM BEREICH KÜNSTLICHER INTELLIGENZ, BEI DER VERNETZUNG, IM INTERNET DER DINGE UND BEI DER ANALYSE GROSSER DATENMENGEN VERÄNDERN ALLES. SIE ERLAUBEN UNS, ARBEIT DURCH KAPITAL ZU ERSETZEN. DAS GALT ZWAR SCHON FRÜHER, ETWA ZU BEGINN DER INDUSTRIELLEN REVOLUTION. DIESMAL ERSETZEN WIR JOBS VON MENSCHEN, FÜR DIE WIR KEINE ALTERNATIVE AUFGABE HABEN. WIR HABEN EINE GENERATION VON MENSCHEN, DIE NICHT PROGRAMMIEREN KÖNNEN." (DLD, 2016)	"KAUM EIN ANDERER INDUSTRIESTAAT HAT SICH MIT BLICK AUF DIE EIGENE ZUKUNFTSFÄHIGKEIT IN DEN VERGANGENEN ZEHN JAHREN SO GUT ENTWICKELT." (Bertelsmann-Studie) "OECD WÜRDIGT DUALE PRINZIPIEN DER BERUFSAUSBILDUNG." (BMBF) "DER FACHKRÄFTEMANGEL IST EIN PHANTOM." (DIE ZEIT, 7.3.2016)

6. OPEN END STATT EPILOG

„Die Ungebildeten des 21. Jahrhunderts sind nicht die Analphabeten, die weder lesen noch schreiben können, sondern all jene, die nicht lernen, verlernen, umlernen und immer wieder von vorne anfangen können." (Alvin Tofler)

Dieser Satz definiert auch B(u)ildung 4.0, die Dauerbaustelle der vierten industriellen Revolution. Weil sie sich mit der Erschließung neuer Bereiche „bildet" (also selbst gestaltet), ist sie offen und bleibt ein Prototyp. Jeder soll daran mit- und weiterarbeiten können. Nur so wird sie zu kreativem Gemeingut und eine Alternative zur Kapitalisierung des Wissens.

Die digitalen Technologien ermöglichen beide Optionen und bringen das Wissen dahin, wo es künftig dringend gebraucht wird, und zwar in seine unmittelbare Quer-Vernetzung. Es existieren zwei Lesarten:

STATUS QUO
Im Interesse der Industrie (und damit der aktuellen Volkswirtschaft) sollen die Wissensarbeiter*innen des 21. Jahrhunderts ihr individuelles und kollektives Wissen neu in Zeit und Raum verankern und sich dabei selber ständig neu bilden.

ZUKUNFTSVISION
Im Interesse einer nachhaltigen Volkswirtschaft sollten die Wissensarbeiter*innen des 21. Jahrhunderts ihr individuelles und kollektives Wissen neu in Zeit und Raum verankern und sich dabei selber ständig neu bilden.

So oder so sind sie das letzte Glied des *Homo Sapiens*. Nach ihnen kommt die künstliche Intelligenz. Arbeit 4.0 ist ihre Baustelle. B(u)ildung 4.0 ihr Labor.

Die unbegrenzte Lernfähigkeit, die im 21. Jahrhundert die „Gebildeten" von den „Ungebildeten" trennt, stellt die Paradigmen der alten Bildungssysteme auf den Kopf: Das Erlernen von Wissen, um damit eine Fähigkeit in vorgegebenen Zeiteinheiten zu erwerben - als Nachweis eines bestimmten Bildungsgrades -, das macht heute keinen Sinn mehr.
Abschlüsse werden absurd, wenn lebenslange Lernfähigkeit und ständiges Umschulen zur Norm werden. Das verschiebt auch alle Eck- und Meilensteine der Bildung. Die Wissensarbeiter*innen des 21. Jahrhunderts müssen im Status-Quo-Betrieb ständig beweisen, ob und wie weit sie mit ihrem Wissen arbeiten und wie sie es verarbeiten. Ihre Beschäftigungsfähigkeit hängt neben dem Kreativitäts- und Innovationsanspruch zentral von ihrer Lernfähigkeit ab.

Es sei denn, wir schaffen gemeinsam neue Strukturen, die sie von sinnlosen Bullshit-Jobs befreien und ihr Engagement in sinnvolle Prozesse überführen - damit nähern wir uns der Zukunftsvision mit Menschen, die grundsätzlich abgesichert sind und sich derweil kreativ wie vernetzt an positiven Lösungen für die aktuellen Probleme der Welt beteiligen.

Arbeit 4.0 und Bildung 4.0 bedingen einander mehr denn je, weil sie die Schrittmacher der vierten industriellen Revolution sind und nur im Gleichschritt vorankommen. Diese Anstrengung kann nicht individuell erbracht werden. Es ist eine Jahrhundertaufgabe für alle Gesellschaften, wenn sie weiter die Vollbeschäftigung als Pfeiler einer sozialen Gesellschaftsordnung erhalten (Status Quo) oder den Weg in eine nachhaltige Post-Wachstumsgesellschaft gehen wollen (Zukunftsvision). Zur ökonomischen Wertschöpfung wird absehbar in beiden Strängen nur noch eine Minderheit gebraucht. Zum Erhalt der Gesellschaft jedoch braucht es alle.

LITERATUR

Alvares de Souza Soares, Philipp, und Gisela Maria Freisinger. 2015. „Die dressierte Elite - Bildung um jeden Preis - manager magazin". Abgerufen Juli 26, 2017 (http://www.manager-magazin.de/magazin/artikel/die-dressierte-elite-bildung-um-jeden-preis-a-1021521.html).

Benjamin, Walter. 1936. „Das Kunstwerk im Zeitalter seiner technischen Reproduzierbarkeit„. Abgerufen Juli 26, 2017 (http://www.arteclab.uni-bremen.de/~robben/KunstwerkBenjamin.pdf).

bitkom. 2016. „Industrie 4.0 schafft Arbeitsplätze für Fachkräfte". Abgerufen (https://www.bitkom.org/Presse/Presseinformation/Industrie-40-schafft-Arbeitsplaetze-fuer-Fachkraefte.html).

Castells, Manuel. 2017. Der Aufstieg der Netzwerkgesellschaft: Das Informationszeitalter. Wirtschaft. Gesellschaft. Kultur. Band 1. 2. Aufl. Wiesbaden: Springer VS.

Halm, Sebastian. 2009. „„- Weiterbildung, nein danke!„ Deutschlandfunk. Abgerufen (http://www.deutschlandfunk.de/weiterbildung-nein-danke.680.de.html?dram:article_id=37704).

Henrich, Anke. 2015. „Industrie 4.0: Kleine Zulieferer, die Verlierer der Digitalisierung". Wirtschaftswoche. Abgerufen Juli 26, 2017 (http://www.wiwo.de/unternehmen/industrie/industrie40/industrie-4-0-kleine-zulieferer-die-verlierer-der-digitalisierung/11616570.html).

Himmelrath, Armin. 2014. „Chancenspiegel-Studie: Bildung in Deutschland ist ungerecht - SPIEGEL ONLINE". Abgerufen Juli 26, 2017 (http://www.spiegel.de/lebenundlernen/schule/chancenspiegel-studie-bildung-in-deutschland-ist-ungerecht-a-1007737.html).

Schatz, Gottfried. 2015. „Die wahren Aufgaben der Universitäten: Echte Bildung anstatt nur Wissensvermittlung". Neue Zürcher Zeitung, April 17 Abgerufen (https://www.nzz.ch/feuilleton/echte-bildung-anstatt-nur-wissensvermittlung-1.18523733).

Sierpinski, Diana. 2015. „Kein Geld, kein Urlaub, keine Bildung: Arme Kinder starten schwer ins Leben - n-tv.de". Abgerufen Juli 26, 2017 (http://www.n-tv.de/politik/Arme-Kinder-starten-schwer-ins-Leben-article15068371.html).

P.S.

Blick in die Zukunft

Die vernetzte Wissensgesellschaft polarisiert. Sie ist das Zeitalter der Extreme und schafft alles Mittlere ab: die Mittelschicht, das mittlere Management und 90% der Wissensarbeiter*innen, die einiges wissen, viel gelernt haben, doch gemessen an den neuen Paradigmen unproduktiv sind.

Ohne Kreativität, Innovationspotenziale, Erfindergeist sind sie nur noch Mittelmaß und ersetzbar. Mr. Watson und seine Epigonen machen ihre Arbeit künftig besser, billiger und effizienter.

Keine Gesetze, Sozialverträge, Aufmärsche oder Sitzstreiks und schon gar nicht die Versprechen der Politiker*innen ändern den unaufhaltsamen Vormarsch der digitalen Technologien, die Beschleunigung auf dem Arbeitsmarkt und in den Bildungssystemen.

Was erwartet die Menschen also? Ein komplettes Wissens-Reset spätestens alle drei Jahre und permanente Updates, berufsbegleitend.

„Smarter Arbeiten" enthält eine neue binäre Zeitschiene, die jedoch erst ihren festen Platz in der Arbeits- und Lebenszeit finden muss. Arbeiten und Lernen wachsen zusammen und sind untrennbar miteinander verbunden. Die Wissensarbeiter*innen werden zu Dauerlernenden. Weiterbildung wird ihr zweites Standbein und "Freizeit" verwandelt sich zunehmend zu Lernzeit.

ÜBER DIE AUTORINNEN

DR. ANGELICA LAURENÇON
Lebt und arbeitet in Frankreich und Deutschland; hat Germanistik und Philosophie in Paris studiert, promoviert und ist seit 15 Jahren unterwegs im selbstorganisierten Weiterlernen mit aktiver Unterstützung der digitalen Pioniere in Berlin, Paris und der KMU, die die Weiterbildung ihrer Mitarbeiter nicht anderen überlassen wollen.

Lehrt und forscht auf allen Ebenen des Lehrwesens - von der Grundschule bis zur Business School und in der Weiterbildung.

Kennt die Stärken und Schwächen der Bildungssysteme aus eigener Erfahrung und die Kollateralschäden, die sie verursachen; entwickelt gemeinsam mit Fachhochschulen, Lernenden und KMU Lösungen für eine Weiterbildung 4.0.

Schwerpunkte: Kompetenzen 2020, interkulturelle Zusammenarbeit, Die Zukunft der Arbeit. Bildung & Arbeit 4.0.

Weitere Infos zu Angelica:
- LinkedIn: https://www.linkedin.com/in/angelicalaurencon/
- FLOWCAMPUS: http://flowcampus.com/faculty/angelica-laurencon/

DR. ANJA C. WAGNER
Beschäftigt sich mit globaler Transformation im digitalen Wandel. Sie war 2 Jahrzehnte lang in digitalen Bildungsorganisationen als Konzepterin und Projektmanagerin tätig - sowohl für DAX-Unternehmen wie auch für NGOs. Hinzu kommen zehn Jahre Lehr- und Forschungstätigkeit in Hochschulen. Sie gilt als kreative Trendsetterin und innovative Mahnerin und bezeichnet sich selbst als Bildungsquerulantin.

Mit dem Unternehmen FrolleinFlow GbR bietet sie heute Studien, Vorträge, Consulting und verschiedene Online-Projekte an. Damit sollen Menschen, Institutionen aber auch Regionen an modernen Lern- und Arbeitsumgebungen andocken können. FlowCampus ist eines dieser Online-Projekte.

Als Expertin an der Schnittstelle von vernetzter Arbeit und digitaler Bildung beschäftigt sie sich inhaltlich mit den Themen User Experience, Bildungspolitik, Arbeitsorganisation und unserer Zukunft in einer vernetzten Gesellschaft. Dazu greift sie gerne auf ihr wachsendes (Online-)Netzwerk zurück, mit dem sie gemeinsam Online-Kurse, E-Books und Community-Netzwerke entwickelt sowie Citizen Science betreibt.

Weitere Infos zu Anja:
- LinkedIn: https://www.linkedin.com/in/acwagner/
- FLOWCAMPUS: http://flowcampus.com/faculty/anja-c-wagner/

WEITERE BÜCHER, ERSCHIENEN BEI FROLLEINFLOW | FLOWCAMPUS

1. Wagner, Anja C.: UEBERflow - Gestaltungsspielräume für globale Bildung, Kassel 2012
2. Wagner, Anja C.: FlowShower - Das Internet für die persönliche Weiterentwicklung nutzen, Berlin 2012
3. Laurençon, Angelica; Wagner, Anja C.: Arbeit in der VUCA-Welt - Arbeitsmarketing 2.0, Berlin 2014
4. Laurençon, Angelica; Wagner, Anja C. et. al: Arbeitsleben 4.0 - Vom digitalen Wandel profitieren: Tipps für Kleinunternehmen, Berlin 2015
5. Wagner, Anja C.; Bauch, Nicole et. al: Das ARBEIT 4.0 MOOC Buch: #A40MOOC, Berlin 2016
6. Wagner, Anja C.: Slack Collaboration. Wie man produktiv im Team arbeiten und kommunizieren kann, Berlin 2016

WAS NUN?

Vielen Dank, dass Du dieses Buch gekauft hast. Als kleine Zugabe haben wir Dir noch etwas Bonus-Inhalt kostenfrei bereitgestellt:
http://flowcampus.com/buildung40-bonus (PASSWORD = b40book)

Wir selbst arbeiten für unsere eigene Weiterbildung vielfältig in den Netzen zusammen. Unsere Heimat-Station ist die Slack-Community im Rahmen des FLOWCAMPUS. Wenn Du dazustoßen möchtest, wäre hier dein Startpunkt: http://flowcampus.com/course/arbeit40/

Weitere freie Lektüre rund um Arbeit und Bildung 4.0 findest Du auf unserem Blog: http://flowcampus.com/blog/

BEVOR DU GEHST …

- Wenn Dir unser Buch gefallen hat oder Du es für brauchbar

erachtest, freuen wir uns über ein gutes Feedback auf Amazon.
- Du kannst gerne das Buch weiterempfehlen. :-)
- Wenn Du magst, kontaktiere uns doch über den FLOWCAMPUS. Wir freuen uns darüber!

Printed in Poland
by Amazon Fulfillment
Poland Sp. z o.o., Wrocław